KW

Ein Shakespeare für Alle

Begleitbuch zu den
SHAKESPEARE-Übersetzungen
von ERICH FRIED

Herausgegeben von
FRIEDMAR APEL

Verlag Klaus Wagenbach Berlin

ERICH FRIED, Shakespeare
erschien im Jubiläumsprogramm
25 Jahre Verlag Klaus Wagenbach
im September 1989

Gesamtherstellung des Begleitbuches durch Clausen & Bosse in Leck
Gesetzt aus der Borgis Sabon (Linotype)
Printed in Germany.
ISBN 3 8031 9991 3

Inhalt

Vorwort
Shakespeare und kein Ende

Es ist aber über Shakespeare schon so viel gesagt, daß es scheinen möchte, als wäre nichts mehr zu sagen übrig; und doch ist dies die Eigenschaft des Geistes, daß er den Geist ewig anregt.« Mit diesen Worten blickte Goethe 1813 auf eine Epoche zurück, in der Shakespeare in Deutschland eingebürgert worden war wie nirgends sonst in der Welt. Dichter, Gelehrte und Leser hatten ihn seit der Mitte des 18. Jahrhunderts immer wieder studiert, übersetzt, kritisiert, bearbeitet und ausgelegt. Der deutsche Shakespeare war schon mitten dabei, eine Art progressives, sich immer erneuerndes kollektives Kunstwerk zu werden.

Die Beschäftigung mit Shakespeare brach auch im 19. und 20. Jahrhundert nicht ab, und bis heute ist Shakespeare so oft ins Deutsche übersetzt worden, daß es scheinen möchte, als wäre nichts mehr zu übersetzen übrig. Es war aber nicht nur der unverminderte geistige und sinnliche Reiz von Shakespeares Werk, der Erich Fried aufs neue zum Übersetzen trieb, sondern auch die Erkenntnis, daß sich am Prozeß der Aneignung Shakespeares in Deutschland im 20. Jahrhundert etwas verändert hatte. Außer Rudolf Alexander Schröder, der nur zehn Stücke übersetzte, hatte sich nämlich seit langem kein sprachkräftiger Dichter mehr an den ganzen Shakespeare gewagt. Zu übermächtig erschien das romantische Wunderwerk der Schlegel-Tieck-Übersetzung. Dabei war in diesem Prozeß etwas umgeschlagen: trotz der vielen vorliegenden Übersetzungen hatte sich Shakespeare den Deutschen entrückt, war ferner und unverständlicher geworden. Schließlich aber stellte Fried bei seinen Studien fest, daß gerade die poetischen Übersetzungen Shakespeares historisch rekonstruierbare Bedeutungen oft verfehlen. Was Fried daher wollte, war eine sowohl sprachlich befriedigende wie inhaltlich zuverlässigere Übersetzung als es sie je vorher gegeben hatte. Das konnte nur auf einen radikal anti-klassizistischen Shakespeare hinauslaufen. Erich Frieds Übersetzung ist ein Shakespeare für alle geworden, ein lesbarer und sprechbarer, aber kein popularisierter Shakespeare, denn Schwierigkeiten, die im Gegenstand selber liegen, werden dem Leser nicht erspart. Das Vergnügen, das Shakespeares »schöner Raritäten-Kasten« (Goethe) zu bieten hat, ist auch in dieser Übersetzung nicht billig zu erwerben, aber es wird dem Leser doch der Blick in ihn hinein nicht unnötig verstellt. Kein Zweifel, daß mit Frieds Text die getreuste und zugleich schönste moderne Shakespeare-Übersetzung vorliegt.

Das Konzept eines Shakespeare für alle gilt auch für die Gestalt dieser Edition. Es sollte eine Leseausgabe werden, eine schöne, handliche Ausgabe für Leser. Die 27 Stücke, die Fried bis zu seinem Tod 1988 übersetzen konnte, werden in der (mutmaßlichen) historischen Reihenfolge der Originale präsentiert, und das heißt vor allem: durchmischt, bunt und vielfältig. In diesem Begleitbuch wird der Leser mit wissenschaftlich fundierten, aber lesbar präsentierten Informationen zum besseren Verständnis der Stücke versorgt.

»Seid aber auch nicht zu zahm, sondern laßt Euch von Eurem eigenen Urteil belehren; paßt das Spiel dem Wort an, das Wort dem Spiel, und habt besonders im Auge, daß Ihr nicht die Mäßigung der Natur überschreitet. Denn alles, was so übertrieben wird, widerspricht dem Zweck des Schauspiels, dessen Sinn es von Anfang bis heute war und ist, der Natur sozusagen den Spiegel vorzuhalten; der Tugend ihre eigenen Züge zu zeigen, der Schande ihr eigenes Bild und einer jeden Phase und Form unserer Epoche ihre Gestalt und ihren Eindruck.« (Hamlet, III/2)

Shakespeare (Wilh.), ein englischer Dramaticus gebohren zu Stratford 1564, ward schlecht auferzogen, und verstand kein Latein, brachte es aber in der Poesie sehr hoch. Er hatte ein schertzhafftes Gemüthe, konnte aber doch auch sehr ernsthaft seyn, excellirte in Tragödien, und hatte viel sinnreiche und subtile Streitigkeiten mit Ben-Johnson, wiewohl keiner von beyden viel damit gewann.« Soviel erfuhr man 1751 in Jöchers Gelehrten-Lexikon über Shakespeare, und viel mehr war um die Mitte des 18. Jahrhunderts auch den Gebildeten nicht bekannt. Selbst der belesene Kunstrichter Johann Jakob Bodmer, der sich um die Einführung der englischen Literatur, besonders Miltons, im deutschsprachigen Raum verdient gemacht hatte, zeigt in seinen Bemerkungen aus den 40er Jahren des 18. Jahrhunderts, in denen er die possierlichen Namensformen Saspar und Sasper benutzt, daß er Shakespeare nur vom Hörensagen kennt. Unerkannt nämlich hatte sich Shakespeares Werk schon im 17. und frühen 18. Jahrhundert in Deutschland herumgetrieben, in verstümmelten Versionen, die englische Wandertruppen darboten, und in die sie, dem deutschen Publikumsgeschmack sich anpassend, meist die Rolle des Hans Wurst eingefügt hatten. Höhepunkt solcher Theaterabende waren fröhliche Prügelszenen, die meist auf das Publikum übergriffen. Solch handfestes Theatervergnügen aber war unter dem strengen Regiment des Kunstkritikers Gottsched, der die französische Klarheit auf die deutsche Schaubühne bringen wollte, inzwischen arg verpönt.

1741 hatte der preußische Diplomat Caspar Wilhelm v. Borck von London aus versucht, den Deutschen ein ernsthafteres Bild von Shakespeare zu vermitteln, indem er die erste vollständige Übersetzung eines Shakespeare-Stücks, »Julius Cäsar«, ins Deutsche vorlegte. In der Wahl des Alexandriners als Versmaß paßte Borck sich dem französisch bestimmten Geschmack an, in der Übersetzung der Bildlichkeit glättete und klärte er, wo es nur ging. Die berühmte hintersinnige Leichenrede des Antonius liest sich da ziemlich umständlich und betulich:

Römer, Landes-Leute,
Und Freunde, neigt das Ohr zu mir und hört mich heute,
Ich komme, Cäsars Leich anjetzt, o! glaubet mir,
Nur zu beerdigen, nicht ihn zu preisen hier,
Das Übel lebt nach uns, was wir begangen haben,
Und was wir Gutes thun, wird oft mit uns begraben:
So mags mit Cäsar seyn. Der edle Brutus hat
Euch alleweil erzählt: Er gab dem Ehrgeiz Statt.
Es wäre, wär es wahr, ein grausam gross Verbrechen:
Und grausam habt ihr es gesehen, an Cäsarn rächen.

Johann Jakob Bodmer (1698–1783)

Gotthold Ephraim Lessing (1729–1781)

Hier unter Brutus Gunst und anderer fang ich an.
(Denn Brutus ist gewiß ein ehrlich braver Mann.
Er, samt den Übrigen, all' ehrlich brave Leute).

Aber die klassizistische Vorsicht Borcks konnte nicht ganz verhindern, daß – wie oft bei frisch wagenden Übersetzungen – ein neuer Ton durchleuchtete, eine ungewohnte Form des Ganzen in deutscher Sprache zutage trat. Eben das wollte Gottsched, dem Großkritiker der Zeit, gar nicht gefallen. Ungewöhnlich schnell rezensierte er Borcks Übersetzung in seinen »Beyträge(n) zur Critischen Historie der Deutschen Sprache, Poesie und Beredsamkeit« (7. Bd. 1741):

»Der Tod Julius Cäsars, ein Trauerspiel, aus dem englischen des Shackespear übersetzt. Verl. bey Ambr. Hauden in 8. Die Übersetzungssucht ist so stark unter uns eingerissen, daß man ohne Unterschied Gutes und Böses in unsere Sprache bringt: gerade als ob alles was ausländisch ist, schön und vortrefflich wäre; und als ob wir nicht selbst schon bessere Sachen aus den eigenen Köpfen unserer Landsleute aufzuweisen hätten. Die elendeste Haupt- und Staatsaction unsrer gemeinen Comödianten ist kaum so voll Schnitzer und Fehler wider die Regeln der Schaubühne und gesunden Vernunft, als dieses Stück Shackespears ist. Der Herr Übersetzer also, wenn er, wie er drohet, noch mehr übersetzen will, beliebe sich unmaßgeblich, bessere Urschriften zu wählen, womit er unsere Schaubühne bereichern will, ehe er sich diese Mühe giebt (...)« In der Folge lernte Gottsched, den

Christoph Martin Wieland (1733–1813)

Johann Joachim Eschenburg (1743–1820)

Namen besser zu schreiben, in seinen Urteilen setzte er aber bald noch eins drauf: »Die Unordnung und Unwahrscheinlichkeit, welche aus dieser Hindansetzung der Regeln entspringen, die sind auch bey dem Shakespear so handgreiflich und ekelhaft, daß wohl niemand, der nur je etwas vernünftigers gelesen, daran ein Belieben tragen wird. Sein Julius Cäsar, der noch dazu von den meisten für sein bestes Stück gehalten wird, hat so viel niederträchtiges an sich, daß ihn kein Mensch ohne Ekel lesen kann. Er wirft darinnen alles unter einander.« Gottsched erkannte sofort, daß Shakespeare eine Infragestellung des Weges sein konnte, den er mit Berufung auf die Vernunft in seiner Poetik für die Deutschen entworfen hatte. Eine ordentliche, klare und vernünftige Literatur sollte das werden, und hier erschien Shakespeare als Störenfried.

Aber diese Störung der deutschen Ordnungsliebe konnte Gottsched auf Dauer nicht verhindern. Obwohl selbst an klassizistischen Idealen orientiert, entschloß sich Christoph Martin Wieland 1760 zur Übersetzung des ganzen Shakespeare. Trotz gelegentlicher Verzweiflung an der Unternehmung, der er sich ohne zeitgenössische Vorarbeiten und wohl auch ohne ausreichendes sprachliches und philologisches Rüstzeug unterzogen hatte, brachte er es bis 1766 auf 22 Dramen, mehr als Schlegel später schaffen sollte, weniger aber als Erich Fried. Obwohl viel geschmäht, wurde Wielands Übersetzung zu einem der »unterirdisch einflußreichsten Werke« (F. Gundolf) der deutschen Literaturgeschichte. Die Hexenszene aus dem ersten Akt des »Macbeth«:

Ludwig Tieck (1773–1853)

August Wilhelm Schlegel (1767–1845)

ERSTE HEXE: Wo bist du gewesen, Schwester?
ZWEITE HEXE: Ich brachte Schweine um.
DRITTE HEXE: Schwester, wo du?
ERSTE HEXE: Ein Schiffers-Weib fand ich, das saß
Und hatte Castanien im Schooß,
Und fraß und schmazt' und fraß;
Gieb mir auch, sagt ich;
Pak dich, Hexe, pak dich –
Schrie das voll-wampige Aas.
Ihr Mann ist nach Aleppo gefahren,
Allein den Weg will ich ihm ersparen;
In einem Sieb, in Razengestalt,
Doch ohne Schwanz, erreich ich ihn bald!
Das thu' ich, das thu' ich, das thu' ich.

In seinen berüchtigten Anmerkungen zu Shakespeares Unvernunft und seinen »ekelhaften Ausdrücken« versuchte Wieland abzuwiegeln und sich zu distanzieren, aber das konnte nicht verhindern, daß er in seiner Übersetzung eine wilde Melodie ins einförmige Konzert deutscher Dramatik einführte, die die Stürmer und Dränger als Vorzeichen einer neuen Zeit hörten, wenngleich sie – wie etwa Gerstenberg (Undank war schon seinerzeit des Übersetzers Lohn) – alsbald be-

Johann Gottfried Herder (1744–1803)

Georg Herwegh (1817–1875)

gannen, den wahren Shakespeare, den Titanen und Freiheitsdichter, vom in ihren Augen kleinlichen und beckmesserischen Wieland zu trennen, von dem sie gleichwohl ihre Shakespeare-Kenntnis bezogen. Die philologisch verläßlichere, aber langweiligere Überarbeitung, die der Professor Johann Joachim Eschenburg ab 1775 vorlegte, hatte auch kein besseres Los, obwohl sie den späteren Übersetzern, vor allem Schlegel, als Vorlage diente.

Um 1760 verdichtet sich der Prozeß der Aneignung Shakespeares in raschem Tempo, und es wird immer deutlicher, daß dieser Vorgang mit einer Neukonstitution der dichterischen Sprache eng verbunden ist. In Lessings »Briefe, die neueste Literatur betreffend« (1759–1765), in denen der Rahmen der kunsttheoretischen Diskussion des späteren 18. Jahrhunderts als Dekonstruktion aufklärerisch-klassizistischer Positionen abgesteckt wird, erscheint Shakespeare zunächst abstrakt, dann immer konkreter als Prinzip eines Neuen. Im 17. Brief, der als Wendepunkt und Wegweiser der Shakespeare-Aneignung in Deutschland gilt, steht eigentlich nichts über sein Werk. Shakespeares Name fungiert hier fast ausschließlich als eine Art Kampfbegriff gegen den engstirnigen Rationalismus eines Gottsched und gegen den Einfluß des französischen Klassizismus. Der verzärtelte Geschmack der Franzosen, so meint Lessing, sei dem deutschen Nationalcharakter eigentlich unangemessen, dem entspreche vielmehr »das Große, das Schreckliche, das Melancholische«, und dafür steht Lessing der Name Shakespeares. Als Vorbild für junge Dichter wird er aufgestellt: »Den mühsamen Vollkommenheiten der Kunst« wird

Shakespeare als »Genie« und »Natur« entgegengehalten. Vor allem aber erscheint er von vornherein als Schirmherr der Abkehr vom Nachahmungspostulat und von der Vorbildfunktion der Antike, wenngleich zunächst noch in der Form der Unterwanderung der herkömmlichen Argumentation: »Auch nach den Mustern der Alten die Sache zu entscheiden, ist Shakespeare ein weit größerer tragischer Dichter als Corneille; obgleich dieser die Alten sehr wohl, und jener fast gar nicht gekannt. Corneille kömmt ihnen in der mechanischen Einrichtung und Shakespeare in dem Wesentlichen näher. Der Engländer erreicht den Zweck der Tragödie fast immer, so sonderbare eigene Wege er auch wählet, und der Franzose erreicht ihn fast niemals, ob er gleich die gebahnten Wege der Alten betritt.« In dieser Stelle liegt der Keim für das sonderbare Phänomen, daß ein englischer Dichter des 16. Jahrhunderts nun im 18. in einer anderen Tradition für das Recht des modernen Dichters, eigene Wege zu beschreiten, in Anspruch genommen wird. Auf dem Umweg der Übersetzung, der aber gerade ans Ziel führt, werden Vorstellungen konkret, die bis dato nur als Unbehagen an der eigenen Literatur existierten. Ein Modell, das noch heute Gültigkeit hat, wenngleich es im Vergleich zum 18. Jahrhundert an Kraft verloren zu haben scheint.

Was vor Wieland von Shakespeare in der deutschen Kulturgeschichte erschien, war nicht mehr als der Abglanz seines Ruhms, der in Parolen umgewandelt wurde. Literaturgeschichtlich konkret wurden sie erst mit der Verbreitung von Wielands Übersetzung. Das zeigt sich auch bei Lessing, denn erst in seinen Shakespeare-Bemerkungen in der »Hamburgischen Dramaturgie« (1767–69) kann er mit konkreten Beispielen aufwarten. Hier entwickelt er seine Theorie der dramatischen Illusion und des psychologischen Perspektivismus, konzipiert er immer wieder an Hand Shakespeares den Dramatiker als Lehrer der Leidenschaften. Aber: »Auf die geringste von seinen Schönheiten ist ein Stempel gedruckt, welcher gleich der ganzen Welt zuruft: Ich bin Shakespeares! Und wehe der fremden Schönheit, die das Herz hat, sich neben ihr zu stellen! Shakespeare will studiert nicht geplündert sein.«

Studium statt Nachahmung – dieser Devise folgt auch Herder in seinem epochemachenden, nämlich die vorromantische Shakespeare-Rezeption bestimmenden Aufsatz über Shakespeare in der Sammlung mit dem aufschlußreichen Titel »Von deutscher Art und Kunst« (1773). Hier wird Shakespeare als dem größten »nordischen« Dichter das Monument errichtet: »Wenn bei einem Manne mir jenes ungeheure Bild einfällt: ›Hoch auf einem Felsengipfel sitzend, zu seinen Füßen Sturm, Ungewitter und Brausen des Meeres, aber sein Haupt in den Strahlen des Himmels!‹, so ist's bei Shakespeare. Nur freilich auch mit dem Zusatz, wie unten am tiefsten Fuße seines Felsenthrones Haufen murmeln, die ihn – erklären, retten, verdammen, entschuldigen, anbeten, verleumden, übersetzen und lästern! – und die er alle nicht hört!« Hier wird an Shakespeare die Ideologie des deutschen Dichtertums bebildert, der Dichter zum genialen Schöpfer und Titanen stilisiert, der kein Gesetz über sich leidet. War Shakespeare bei Herder noch ein nordischer Dichter, so ist er kurze Zeit später, in den »Anmerkungen zum Theater« des Sturm-und-Drang-Dichters Lenz, bereits »unser Landsmann«.

Dennoch fällt bei Herder und Lenz auf, daß für bestimmte Charakterisierungen Shakespeares noch die Worte fehlen, bei Herder wird dieses Eingeständnis geradezu als Kunstmittel verwandt. So war die Shakespeare-Aneignung auch hier noch im Fluß, erst der romantische Shakespeare sorgte für die endgültige Einbürgerung. Erst in der Romantik waren die Voraussetzungen für eine poetische Übersetzung gegeben. Ohne die Leistung Schlegels herabzuwürdigen, fand er ungleich bessere Bedingungen vor als Wieland, der seinen Shakespeare in eine weitgehend verständnislose Leserwelt hineinschrieb. Neben Wieland und Eschenburg hatten z. B. Mendelssohn, Herder, Weisse, Voß und Bürger aus dem Shakespeare übersetzt und die Probleme freigelegt. In der Shakespeare-Kritik von Lessing bis Goethe war ein differenzierter Verständnishorizont überhaupt erst entwickelt worden. Die Konjunktur der Philologie hatte für bessere Hilfs- und Informationsmittel gesorgt. Dafür ging die Unternehmung eigentlich ziemlich schleppend voran. 14 von August Wilhelm Schlegel übersetzte Dramen erschienen zwischen 1796 und 1801 zwar relativ schnell, dann aber stockte das Ganze. Der für Liebhaber enttäuschend schmale 9. Teil erschien erst 1810. Inzwischen hatte Schlegel die Lust verloren, und erst zwischen 1825 und 1833 erschienen dann die Bände der von Dorothea Tieck und Wolf Graf Baudissin unter redaktioneller Federführung Tiecks besorgten Übersetzungen im Sprachgeist der Goethe-Zeit, an denen Schlegel allerdings zeitlebens ein wenig herummäkelte.

Schlegels »Romeo- und Julia«-Kritik von 1797, also des Stückes, von dessen Übersetzung er dem Publikum soeben die ersten Proben vorgelegt hatte, zeigt, wie weit Schlegel auf dem Weg des Übersetzens in die konkrete Innenwelt des Werks gelangt war, sie zeigt gleichzeitig verdichtet die Konzeption des romantischen und poetischen Shakespeare. Seine Charakterisierungen des Stücks sind immer auch Programmatik der romantischen Poesie, die Wirklichkeit überhöhen und, das Unvereinbare vereinend, sich aussprechen will. So sei in dem Stück die Liebe als »Poesie des Lebens« gestaltet: »Mit dem Zauberschlage, der das eine, was ihr vorschwebt, aussondert und über die ganze übrige Welt erhebt, hat sie den Maßstab des Wirklichen verloren, und kann bis an die Grenze der Dinge schwärmen, so weit die Flügel der Phantasie sie nur tragen wollen (...). Unbegriffene Widersprüche liegen im Wesen der Liebe; sie kann sich auch bei der schönsten Erwiderung nicht in vollkommene Harmonie auflösen und ist daher an sich geneigt, sich antithetisch zu äußern.«

Tatsächlich ist die Gestaltung des Stückes von Antithesen bestimmt. Capulet gibt gleichsam das Motto dafür aus: »And all things change them to the contrary«, alles verwandelt sich ins Gegenteil. Dies gilt aber nicht nur für die Ebene des Inhalts und der Handlung, sondern wirkt bis in die kleinste Zelle der sprachlichen Gestaltung hinein. Bereits Romeos erste Äußerung zur Liebe ist gespickt mit widersprüchlichen Bildern und Paradoxen:

Here's much to do with hate, but more with love:
Why then, O brawling love! O loving hate!
O any thing! of nothing first create.

O heavy lightness! serious vanity!
Mis-shapen chaos of well-seeming forms!
Feather of lead, bright smoke, cold fire, sick health!
Still-waking sleep, that is not what it is!
This love feel I, that feel no love in this.

Schlegels Übersetzung:

Haß gibt hier viel zu schaffen, Liebe mehr.
Nun dann: liebreicher Haß! streitsücht'ge Liebe!
Du alles, aus dem nichts zuerst erschaffen!
Schwermüt'ger Leichtsinn! Ernste Tändelei!
Entstelltes Chaos glänzender Gestalten!
Bleischwinge! Lichter Rauch und kalte Glut!
Stets wacher Schlaf! dein eignes Widerspiel! –
So fühl' ich Lieb und hasse, was ich fühl'!

Die Stelle ist exemplarisch für Schlegels Konzeption eines poetischen und romantischen Shakespeare. Die metrisch-rhythmische Bewegung des Originals wird unter Einschluß der Verteilung der Gliedsätze auf die Verse in der Übersetzung genau nachgebildet (mit Ausnahme des 6. Verses). Darüber hinaus aber wählt Schlegel von vornherein poetische und bildlich-emotionale Ausdrücke (Bleischwinge, Glut), wo bei Shakespeare relativ gewöhnliche Worte stehen. Vor allem aber nimmt Schlegel das Konstruierte und Rhetorische des Originaltexts in der Übersetzung deutlich zurück. Die krassesten Paradoxa (kranke Gesundheit) werden entweder ausgelassen oder auf verschiedene Ebenen verlagert (letzter Vers), so daß im Ganzen die Widersprüchlichkeit abgemildert oder mindestens im Begriff aufgehoben wird (Widerspiel). Darin äußert sich die Tendenz zur Entbarockisierung Shakespeares, die Schlegels Übersetzungen auch insgesamt kennzeichnet. Barock stand bei den Romantikern für Künstlichkeit und Schwulst, und gerade »Romeo and Juliet« ist bei aller Emotionalität durchzogen von mehr oder weniger manierierten Wortspielen und anderen rhetorischen Effekten. Diese nimmt Schlegel insgesamt sehr stark zurück und gleicht so die sprachliche Gestaltung seiner Interpretation an, nach der in dem Stück die Liebe in poetisch überhöhter Natürlichkeit und Wahrhaftigkeit erscheint. Der romantischen Liebesvorstellung zum Opfer fallen auch allerlei obszöne Wortspiele, die das Drama durchziehen. Schlegel gab vor, sie seien unübersetzbar, während zu vermuten steht, daß hier eine romantische Reinigung Shakespeares stattgefunden hat, denn bei Wortspielen, die nicht unter die Gürtellinie zielen, zeigte sich Schlegel durchaus erfindungsreich.

Obwohl also – wie man im nachhinein natürlich billiger diagnostizieren kann – die Schlegelsche Übersetzung nicht immer das Maximum an getreuer und poetischer Übersetzung erreicht, bleibt sie ein einzigartiges Dokument einer Situation sprachlicher und geistiger Mobilität, einer Zeit, die ihre Wunschbilder der Öffnung, Veränderung und Bewegung in den Formen der Literatur gestalten wollte, aufgrund der gesellschaftlichen und politischen Situation des Bürgertums auch wohl dazu gezwungen war.

Die kanonische Geltung, die der Schlegelschen Übersetzung im 20. Jahrhundert beigemessen wurde, hat sie allerdings zunächst gar nicht gehabt. Der romantische Shakespeare war noch nicht ganz gedruckt, als mit verschiedener Motivation die Übersetzungskonkurrenz schon wieder neu begann. Von der sich gerade entwickelnden Neuphilologie wurde ein philologisch verläßlicherer Shakespeare gefordert, die Anhänger des Vormärz wollten einen klaren, verständlicheren, gleichsam demokratischen Shakespeare, die historische Schule einen, in dem die elisabethanischen Zeitumstände deutlicher würden usw. So wurde Shakespeare im Deutschland des 19. Jahrhundert in einer beispiellosen Massenhaftigkeit übersetzt, ein Phänomen, das schon allein wegen der schieren Masse der Versionen noch gar nicht ausreichend untersucht worden ist. Ferdinand Freiligrath, Georg Herwegh, Karl Simrock, Karl Lachmann, Tycho Mommsen, Otto Gildemeister, Heinrich Viehoff, Friedrich Bodenstedt, Alois Brandl und viele andere machten sich an eine Neuübersetzung Shakespeares und bestätigten so Friedrich Schlegels Wort, das Übersetzen sei eine unendliche Aufgabe.

Immer wieder aber erschien gerade das Übersetzen Shakespeares als eine Angelegenheit von nationaler Bedeutung, und die deutsche Identifikation mit Shakespeare erstreckte sich bis in die Ausdeutung der einzelnen Stücke hinein. Schon Herder und Lenz hatten in Shakespeares Werk das Schicksal der deutschen Seele entziffert, in Goethes »Wilhelm Meister« war eine Shakespeare-Fiktion Station im Bildungsgang des deutschen bürgerlichen Individuums. In der Rezeption des Jungen Deutschland bekam diese Identifikation eine kritische Komponente. Aus Paris schrieb Ludwig Börne: »Hätte ein Deutscher den Hamlet gemacht, würde ich mich gar nicht darüber wundern. Ein Deutscher brauchte nur eine schöne, leserliche Handschrift dazu. Er schreibt sich ab, und Hamlet ist fertig.« Das war natürlich kein Kompliment, sondern eine Kritik am romantischen Deutschen, der sich zur politischen Tat nicht aufraffen konnte. Deutlicher wurde Freiligrath im Hamlet-Gedicht aus seinem »Glaubensbekenntnis« von 1844, das prompt seine Flucht ins Ausland zur Folge hatte:

Deutschland ist Hamlet! Ernst und stumm
In seinen Toren jede Nacht
Geht die begrabne Freiheit um
Und winkt den Männern auf der Wacht.

Im folgenden werden Verlauf und Personal des Dramas zu Allegorien des deutschen Schicksals. Nur den 5. Akt verlegt Freiligrath in die Zukunft und interpretiert ihn als Mahnung für die Deutschen, tatkräftig nun das politische Schicksal in die eigene Hand zu nehmen.

Das taten sie bald darauf, aber nicht so, wie Freiligrath sich das vorgestellt hatte. Ironisch widmete der Herausgeber der New Variorum Edition 1877 die Ausgabe der (1864 gegründeten) Deutschen Shakespeare-Gesellschaft stellvertretend für ein Volk, das nun ein für allemal bewiesen habe, daß Deutschland nicht Hamlet sei. Seine Hamlet-Übersetzung präsentierte Friedrich Bodenstedt 1870 pünktlich zur Reichsgründung. Aus dem berühmten Monolog:

Denn wer ertrüge Spott und Hohn der Welt,
Unrecht der Unterdrücker, Schimpf der Stolzen,
Verschmähter Liebe Pein, Verzug des Rechts,
Beamtenübermuth und Mißhandlung,
Die ruhigem Verdienst der Unwerth beut,
Wenn er sich selbst in Ruh versetzen könnte
(...)
Daß wir die Übel, die wir haben, lieber
Ertragen, als zu unbekannten fliehn?
Und dies Bewußtsein macht uns all' zu Memmen;

Bodenstedts Übersetzungen gehören neben denen Herweghs (die Erich Fried schätzte) sicher noch zu den besten Produkten dieser »übersetzungsfreudigen, aber übersetzungsuntauglichen Zeit« (U. Suerbaum), jedoch findet Bodenstedt im Gegensatz zu Schlegel keinen einheitlichen Zeitton. Seine Sprache ist gemischt aus manchmal etwas pompös klingendem Goethedeutsch, Kanzleiton und wilhelminischem Jargon. Hamlet redet da zuweilen eher wie ein selbstbewußter Preuße, jedenfalls nicht wie ein zögernder Romantiker, den zu viel Reflexion am Handeln hindert.

So schaffte es keine der Übersetzungen des späteren 19. Jahrhunderts, die Schlegelsche Übersetzung auf Dauer zu ersetzen. Im Gegenteil ging man seit der Neuorientierung der deutschen Literatur um die Jahrhundertwende im 20. Jahrhundert wieder auf die romantische Version zurück. 1926 berichtete Karl Kraus in seiner ›Fackel‹ von einem Vergleich der verfügbaren Shakespeare-Ausgaben anläßlich einer eigenen Macbeth-Bearbeitung für eine seiner berühmten Vorlesungen. Sein Fazit im voraus: »Dabei ergaben sich Wahrnehmungen, die ein Grauen auf der dürren Heide eines deutschen Sprachgefühls verbreiteten und einer deutschen Shakespeare-Kultur, die sich der englischen überlegen rühmt.« Das »schauderhafteste Abenteuer«, so Kraus, sei mit der Übersetzung Friedrich Gundolfs zu bestehen gewesen. Friedrich Gundolf, der Literaturprofessor aus dem George-Kreis, hatte 1911 sein Standardwerk »Shakespeare und der deutsche Geist« vorgelegt und sich im Rahmen der von ihm betreuten Shakespeare-Ausgabe immer häufiger selbst aufs Übersetzen verlegt. Gegen Gundolf und jede philologische Pedanterie machte Karl Kraus unter Rückgang auf Schlegel das Recht und die Notwendigkeit einer dichterischen Übersetzung geltend.

Der einzige Schriftsteller von Rang jedoch, der sich vor Fried an Shakespeare wagte, war Rudolf Alexander Schröder, der 1906 »Zwölfte Nacht« für Max Reinhardt übersetzte, und bis 1945 neun weitere Stücke, teils für Aufführungen, teils ohne bestimmten Auftrag. In der Nachbemerkung zur Ausgabe äußerte er eine Hemmung, die wohl viele potentielle Shakespeare-Übersetzer bewogen haben dürfte, die Finger davon zu lassen: »Auch heute noch bin ich der Meinung, daß der Versuch, gewissen Schlegelschen Glanzleistungen wie etwa dem ›Kaufmann von Venedig‹ oder dem ›Hamlet‹ durch eine neue Arbeit Konkurrenz zu machen, keinen rechten Sinn habe.« Wenn Schröder Schlegel dennoch Konkurrenz machte, dann mit der Intention einer Rücknahme jener »klassischen Dämpfung«, die Schlegel als Sachwalter der Sprachkonzeption der Goethe-Zeit Shakespeare hatte angedeihen lassen. Schröder versuchte, das »Knorrige und Kompakte«, selbst das Überladene, also das Barocke an Shakespeare, in der deutschen Fassung wieder erscheinen zu lassen, und er hat selber darauf hingewiesen, daß dies auf weniger Eingängigkeit und Verständlichkeit hinausgelaufen ist. Trotzdem hat z. B. Reinhardt seine Übersetzungen durchaus für spielbar gehalten, weil sich gerade die barocke Knorrigkeit theatralisch umsetzen ließ. Ohnehin wollte Schröder einen Unterschied zwischen einem dichterischen und einem theatralischen Shakespeare nicht gelten lassen.

Rudolf Alexander Schröder (1878–1962)

Eben diesen Unterschied jedoch machte Rothe, der umstrittenste Shakespeare-Übersetzer des 20. Jahrhunderts, der aufgrund eigenwilliger, selbstgebastelter Theorien zu Shakespeare einen auf seine wahren Ursprünge zurückgeführten deutschen Shakespeare bieten wollte, den »elisabethanischen Shakespeare« (1927–1934). Für ihn zählte weniger der Text und die Einzelstelle als der »Shakespeare-Gedanke«, den er in der Schrift »Der Kampf um Shakespeare« (1936) entwickelte. Rothe fühlte sich als eine Art kongeniales Kraftgenie des »entfesselten Theaters« der späten 20er Jahre. Hamlet bei Rothe in der letzten Fassung von 1963:

> Sein oder Nichtsein – jetzt wird es zur Frage
> was edler ist: ob man sein Herz den Pfeilen
> und Keulen des verrohten Schicksals hinhält,
> oder sich in die Flut der Sorgen wirft,
> und kämpfend untergeht. Sterben-schlafen-
> mehr nicht. So könnten wir durch einen Schlaf
> das Herzweh und die tausend Plagen enden,
> die unser Erbteil sind! Das ist der Ausweg:
> man wünscht sich nur den Tod, damit man schläft,
> und schläft damit man träume – hier reißt der Faden.

Hinter dramaturgischen Erwägungen muß eine einheitliche Sprachkonzeption zurückstehen. Im Vergleich zu Schlegel glättende und – besonders hinsichtlich des Satzbaus – vereinfachende Passagen wechseln ab mit gestelzter Sprache und eher unverständlichen Bildüberlagerungen. Rothes Versionen sind durchsetzt mit willkürlichen Übersetzungsentscheidungen, die sich häufig durch nichts erklären, als durch einen gewollten Abstand zu Schlegel, bzw. zu eingebürgerten Stellen. Rothe hat das nachträglich noch einmal als »Provokation« rechtfertigen wollen. Dennoch wurden seine Texte häufig gespielt, und es stellte sich überdies eine etwas sektenhafte Parteigängerschaft ein, die seine eigenwilligen Theorien und Versionen mit Zähnen und Klauen und vor allem mit Leserbriefen verteidigte.

Wenn sich Erich Fried in den 60er Jahren daran machte, es mit Shakespeare noch einmal aufzunehmen, so wußte er angesichts von mehr als einem Dutzend namhafter Übersetzer allein im 20. Jahrhundert durchaus, was er tat. Bei allem Selbstbewußtsein, den ein solcher Entschluß beweist, ging er mit Bescheidenheit und mit dem Augenmerk auch für die übersetzerische Tradition an die Aufgabe heran. Keine vorliegende Übersetzung aus dem 19. oder 20. Jahrhundert erschien ihm zu gering, sie auf eine mögliche Lösung für ein Problem hin zu überprüfen. So ging hier nach R. A. Schröder zum ersten Mal wieder ein Dichter ans Werk, der neben den sprachlichen Fähigkeiten auch über philologische und historische Kenntnisse im ganzen erforderlichen Umfang verfügte. Und bei aller Relativierung des Anspruchs vor der Tradition und dem Gegenstand ging es Fried von Anfang an darum, dem Original sowohl inhaltlich, also vom ursprünglich Gemeinten her, als auch formal so nahe zu kommen, wie keine Übersetzung vorher. Das Vorbild wie der Gegner, mit dem sich Fried da vor allen anderen maß, hieß zweifelsohne August Wilhelm Schlegel. Bei aller Verehrung Schlegels aber hat Fried in vielen Fällen historisch wie sprachlich begründete Kritik an ihm. Z. B. im Falle »Romeo und Julia«. Schlegel habe aus den Familien der beiden Grafengeschlechter gemacht, während bei Shakespeare ausdrücklich von reichen Bürgern gesprochen werde: »Die gesellschaftliche Struktur der Tragödie wird bei der Adelung der Eltern weitgehend verfälscht. Es ist zum Beispiel unverständlich, warum sich Julias Vater, als er den Grafen Paris als Mann für seine Tochter gefunden hat, mit großem Stolz dieser Tatsache brüstet. Wäre er selbst ein Graf, wäre es nur eine Ehe unter Gleichgestellten, und dann hätte übrigens der Prinz von Verona den Romeo nicht ohne weiteres verbannen dürfen...« Historische Fehler Schlegels erstrecken sich bis in den einzelnen Begriff. So übersetzt Schlegel den Fluch des sterbenden Mercutio, in denen er beiden Häusern »a plague« an den Hals wünscht, mit »Hol der Henker...« oder »Zum Teufel...«. Gemeint ist aber laut Fried die Seuche, nämlich die Pest, die ja im Stück dann auch ausbricht.

Aber nicht nur um die historische Stimmigkeit geht es Fried, sondern auch um noch stärkere Analogien der Form, um die Nachbildung der Art, wie Shakespeare etwas sagte. So will Fried »Blankverse durch Blankverse wiedergeben«, »Reime durch Reime«, »Amtsstil durch Amtsstil, starke, unumwundene Rede aber stark und unumwunden«. Fried bleibt also beim Konzept einer poetischen, formorientierten Übersetzung, jedoch ohne übertünchenden Charakter. Will heißen: Was bei Shakespeare häßlich und heftig klingt, darf in der deutschen Übersetzung nicht schön klingen. Dabei versucht Fried immer die je einfachste Lösung zu finden, ohne jedoch Schwierigkeiten zu vertuschen und Differenzierungen zu verschleifen. Er geht auch in den Einzelheiten zutreffend davon aus, daß Shakespeare nicht der Dichter einer Bildungselite gewesen ist, sondern daß sein Erfolg gerade darauf beruhte, daß er sich allen Klassen und Schichten verständlich machen konnte, wenn er die für jedermann ersichtlichen Probleme seiner Zeit auf die Bühne brachte. Nicht durch Anbiederung an den Leser oder Zuschauer bringt Fried Shakespeare nahe, sondern indem er ihn als Gesellschaftsdichter präsentiert, der sich freilich aller Listen und Kunstgriffe der poetischen Sprache bedient.

Eine exemplarische Stelle aus »Romeo and Juliet«, deren Übersetzungen Frieds Ansatz gegenüber dem Schlegels in den Einzelheiten erkennen lassen:

'Tis but thy name that is my enemy;
Thou art yourself, thought not a Montague.
What's Montague? It is nor hand, nor foot,
No arm, nor face, nor any other part
Belonging to a man. O! be some other name:
What's in a name? That which we call a rose
By any other name would smell as sweet;
So Romeo would, were he not Romeo call'd,
Retain that dear perfection which he owes
Without that title. Romeo, doff thy name;
And for that name, which is no part of thee,
Take all myself.

Romeo und Julia räsonnieren hier über ein sprachphilosophisches Problem, über den Grund ihres tragischen Konflikts und natürlich über ihre Liebe und Begehrungen. Julias Sprache ist aber nicht erhaben und poetisch, sondern ziemlich sachlich, ein bißchen witzig und auch ein bißchen frivol. An solchen Stellen hat Schlegel oft Probleme:

Dein Nam' ist nur mein Feind. Du bliebst du selbst,
Und wärst du auch kein Montague. Was ist
Denn Montague? Es ist nicht Hand nicht Fuß,
Nicht Arm noch Antlitz. O sei anderen Namens!
Was ist ein Name? Was uns Rose heißt,
Wie es auch hieße, würde lieblich duften;
So Romeo, wenn er auch anders hieße,
Er würde doch den köstlichen Gehalt
Bewahren, welcher sein ist ohne Titel.
O Romeo, leg deinen Namen ab,
Und für den Namen, der dein Selbst nicht ist,
Nimm meines ganz!

Schlegels Hauptproblem ist hier, wie immer, wenn es bei Shakespeare unter die Gürtellinie geht, daß er die Anspielung auf den einen Teil, der zum Mann gehört, nicht mitübersetzen will und daher zur Umstellung der Zeilen gezwungen wird.

Weiterhin poetisiert Schlegel im einzelnen Wort (Antlitz, lieblich) wie in den Wendungen (was uns Rose heißt). Schließlich kommt er nicht ganz ohne übersetzerische Notlösungen (köstlicher Gehalt) aus. Dagegen Fried:

> Denn nur dein Name ist es, der mein Feind ist.
> Du bist du selbst, auch ohne Montague.
> Was ist das Montague? Nicht Hand, nicht Fuß,
> Nicht Arm und nicht Gesicht, nicht sonst ein Teil, der
> Zu einem Mann gehört. O heiß doch anders! –
> Was heißt das: Heißen? Was wir nennen Rose,
> Das duftet grad so süß mit anderm Namen.
> Und Romeo, wenn er nicht Romeo hieße
> Er wär doch ganz so teuer und vollkommen
> Auch ohne Namen. – Romeo, laß den Namen
> Und nimm für deinen Namen, der nicht du ist,
> Mein ganzes Ich.

Bis auf eine ungewöhnliche Inversion (Was wir nennen Rose) gelingt es Fried, den Text ganz einfach und sprechbar zu halten, ohne etwas von der nicht unkomplizierten Argumentation Julias preiszugeben. Wie alles Meisterhafte erscheint die einzelne Übersetzungsentscheidung je als die einfachste, was man allerdings erst feststellen kann, wenn es da steht. Die Stelle ist exemplarisch für Frieds übersetzerischen Mittelweg, der hier nicht Tod, also Stillstand bedeutet, sondern der historischen Problematik des Verstehens eines fernen und fremden Werks gerecht wird. Fried hat von einem heutigen Standpunkt aus einen entschlossenen Schritt auf Shakespeare zu gemacht, ohne die Schwierigkeiten des Verständnisses, die Dialektik von Nähe und Ferne zu unterschlagen, ohne Shakespeares Formen und Inhalte zu weit ins Eigene und Heutige zu ziehen. Mit Frieds Shakespeare liegt ohne Zweifel die verläßlichste, historisch-kritisch reflektierteste und doch zugleich sprechbarste und sprachlich durchgeformteste neuere Übersetzung vor.

Bei aller Hingabe und Unterordnung unter das Original ist Frieds Übersetzung kein Produkt der Askese; Eigenheiten, Eigenwilligkeiten, eine bestimmte, nämlich radikaldemokratische Interpretation sind nicht zu übersehen. Seinen Neigungen ist Fried auch bei der Auswahl gefolgt. Befragt, wann man denn mit dem »Macbeth« endlich rechnen könne, pflegte er zu brummeln, den wolle er noch nicht, der sei ihm zu blutrünstig. Man mag es bedauern, daß sein Shakespeare nicht ganz vollständig ist, aber Vollständigkeit ist vielleicht gar kein Wert angesichts eines Dichters, der im Gedächtnis menschlichen Leidens alle Hoffnung in die Fortdauer des wie immer unvollständigen Sprechens gelegt hat:

> Noch einmal sprechen
> vom Glück der Hoffnung auf Glück
> damit doch einige fragen:
> Wann war das
> Wann kommt es wieder?

(Erich Fried: Bevor ich sterbe)

Erich Fried
zu seiner Übersetzungskonzeption

Obwohl Fried die Tradition der Übersetzung wie der übersetzungstheoretischen Diskussion bewußt war, hat er von ausgreifendem Theoretisieren zu diesem Problem wenig gehalten und seinen Ansatz lieber am praktischen Beispiel erläutert. Mit seiner Intention einer form- wie inhaltsgetreuen Übersetzung geht er zumindest begrifflich hinter modernere Auffassungen vom Übersetzungsproblem zurück, die gemäß der erkenntniskritischen Einsicht in die Unmöglichkeit des Abbilds Übersetzung im älteren, d. h. aufklärerischen Sinn für unmöglich erklären mußten. Übersetzung konnte da nur eine bestimmte, zeitgebundene Interpretation genannt werden, die mit Notwendigkeit vom Original abweicht. Im Gefolge von Schleiermachers Abhandlung »Über die verschiedenen Methoden des Übersetzens« hatte sich ein übersetzungstheoretisches Paradigma entwickelt, das eher die verfremdende Übersetzung bevorzugte. Entsprechend hatte sich gerade bei übersetzenden Dichtern eine Tradition herausgebildet, die von Stefan George über Rudolf Borchardt, Walter Benjamin und Paul Celan bis zu Arno Schmidt und Hans Wollschläger reicht und immer stärker ästhetizistische und esoterische Züge annahm. Übersetzungen wurden Kunst-Stücke, die den Anspruch erhoben, Moment im Kontinuum der Werke, gestalteter Ausdruck ihres Fortlebens zu sein: Dichtung, Poetik und Verstehenslehre zugleich. Diese Werke stellten bewußt überhöhte Ansprüche an den Leser, der dann auch meist lieber verzichtete.

Wenngleich Fried dieser Tradition seinen Respekt bezeugt, hat er diesen hybriden Anspruch bewußt verabschiedet und den für einen heutigen Leser oder Zuschauer rekonstruierbaren Wortlaut und Gehalt des Originals als das betrachtet, was in heutiger Sprachgestalt und im Verständnishorizont einer Allgemeinsprache abgebildet werden muß. Diese Vorstellung hat er jedoch keineswegs naiv verfolgt, wollte damit nicht die Erkentnisse der modernen Sprachphilosophie rückgängig machen. Vielmehr erkannte er von vornherein, daß Übersetzung eine Fiktion ist, eine Idee, die man niemals erreicht, die man aber dennoch verfolgen sollte. Hier liegt die Analogie zu seiner Dichtung, die im Angesicht der Ohnmacht des Sprechens gegenüber den gesellschaftlichen Verhältnissen dennoch spricht, um die Erinnerung ans Versagte wachzuhalten. Im folgenden die wichtigsten Äußerungen Erich Frieds zu seiner Übersetzungsarbeit:

»Das Übersetzen großer Dichtungen ist unmöglich und ist sehr nützlich. Beides weiß man längst, und alle bekannten Übersetzungen beweisen beides, teils mehr das eine, teils mehr das andere. Wenn wir wissen, daß es sich bei Übersetzungen um Näherungswerte handelt – kein pessimistischer Begriff in der Mathematik, aus der er stammt! –, müssen wir auf möglichst originalgetreue Übersetzungen hoffen. Die freie Bearbeitung kann sicher das Talent des Nachdichters zeigen, aber wenn wir den Autor selbst kennen wollen, brauchen wir eine Übersetzung, die sich an den Text hält. Das geht meist besser, als es bisher versucht wurde, auch bei Shakespeare.«

(Beim Übersetzen der »Tragödie von Julius Cäsar« 1965)

»Nachdichten hat oft die größere Ehre gehabt als das bloße Übersetzen, im allgemeinen zu unrecht. Ich glaube, Übersetzer sollen den Ehrgeiz haben, möglichst getreu zu übersetzen. Es ist sogar so, daß man, wenn ein Übersetzer verschiedene Dichter übersetzt, im Idealfall gar nicht bemerken sollte, daß sie von ein- und demselben Übersetzer stammen. In Wirklichkeit wird man ja, besonders wenn die sogenannten ›image clusters‹ mit Computern erforscht werden, aus den kleinen Details der Übersetzung immer noch denselben Übersetzer feststellen können.

(...)

Das Übersetzen von Dichtern wie Shakespeare, Rimbaud oder Dylan Thomas ist nun eine unumgänglich notwendige und zugleich eine, streng genommen, unmögliche Aufgabe. Man kommt niemals ganz ans Original heran, man muß die Näherungswerte zu erreichen versuchen. Das Nachdichten ist berechtigt, wo Sprachen ganz anders sind, z. B. die Übersetzungen aus dem Chinesischen ins Deutsche sind Nachdichtungen. Die großen Lyrik-Übersetzungen – etwa von Bethge, die berühmt wurden, aber vor allem von Klabund – das sind ziemlich freie Nachdichtungen. Auch noch Arthur Welley-Cohen aus England, der aus dem Chinesischen und Japanischen sehr viel originalgetreuer übersetzt hat – er kannte auch zum Unterschied zu Klabund wirklich die Sprachen, aus denen er übersetzte –, mußte noch bis zu einem gewissen Grad Nachdichtungen machen. So haben auch wir bei den japanischen Haikus und Tankas im Deutschen immer Nachdichtungsprobleme.

Insgesamt kommt es darauf an, ob man möglichst schöne Dichtungen haben will oder möglichst genau wissen will, was der Dichter wirklich geschrieben hat. Wenn er sehr gut war, dann sind genaue Übersetzungen oft auch die schönsten Dichtungen.

Ein Anglist monierte, ich hätte eine ›Hamlet‹-Stelle zu blutrünstig übersetzt. In der Schlegel-Fassung heißt der betreffende Passus (I.2):

HORATIO: Ich kam zu Eures Vaters Leichenfeier.
HAMLET: Ich bitte, spotte meiner nicht, mein Schulfreund; Du kamst gewiß zu meiner Mutter Hochzeit.
HORATIO: Fürwahr, mein Prinz, sie folgte schnell darauf.
HAMLET: Wirtschaft, Horatio! Wirtschaft! Das Gebackne vom Leichenschmaus gab kalte Hochzeitschüsseln.

Bei mir heißt der Schluß so:

Man spart, man spart, Horatio! Vom Begräbnis
Das eingemachte Fleisch deckt kalt den Hochzeitstisch.

Die Kritik des Anglisten kann ich nicht teilen. Schauen wir, was das Original sagt:

Thrift, thrift, Horatio, the funeral bak'd-meats
Did coldly furnish forth the marriage tables.

Ich habe bewußt die Assoziation, daß man bei der Hochzeit von Hamlets Mutter das Fleisch des Vaters verzehrt, stärker herausgearbeitet. Dies wurde mir als Fehler angekreidet, da Shakespeare das nicht gemeint habe. Aber Shakespeare hat das durchaus gemeint. Eine ›bak'd-meat casserole‹ hieß zu seiner Zeit ›coffin‹, was gleichfalls ›Sarg‹ bedeutet. Wortspiele, die damals mit diesem Doppelsinn hantierten, gibt es nun nicht nur bei anderen Autoren, sondern auch beim jungen Shakespeare. In ›Titus Andronicus‹ macht der Titelheld ein ›bak'd-meat‹ aus den Köpfen der Tamora-Söhne, die seine Tochter Lavina vergewaltigt und verstümmelt haben. Er sagt (nach der Schlegel-Übersetzung; V. 2):

Nun hört mich! Eur Gebein reib' ich zu Staub,
Und knet' es ein zu Teig mit eurem Blut;
Und aus dem Teige bild' ich eine Rinde,
Drin einzubacken eure Schurkenhäupter;

Schauen wir wieder auf das Original:

Hark! villains, I will grind your bones to dust,
And with your blood and it I'll make a paste;
And of the paste a coffin I will rear,
And make two pasties of your shameful heads;

Die ›Rinde‹ hieß im Englischen also ›coffin‹, und ich glaube nicht, daß Shakespeare sein eigenes Wortspiel später völlig vergessen hat. Zudem handelt es sich in dem späteren Stück um eine der bittersten Äußerungen Hamlets, denn er sagt gleich darauf, daß er lieber seinen ärgsten Feind im Himmel getroffen, als diesen Tag erlebt hätte.

Das alles deutet darauf hin, wie wichtig es ist, nahe am Original zu bleiben. Schlegel hat das – so groß seine Leistung war – nicht immer getan. Es ist ihm natürlich in verschiedenen Stücken unterschiedlich gelungen.

(...)

Ein weiteres Beispiel: Wenn Caesar im ›Julius Caesar‹ (I.2) sagt ›Let me have men about me that are fat‹, dann ist Schlegels Übersetzung in diesem Fall auffällig schöner als das Original: ›Laßt wohlbeleibte Männer um mich sein‹. Aber Caesar will gar nicht schön sprechen. Er ist schlechtester Laune, denn wie wir von Casca erfahren, hat er gerade einen epileptischen Anfall hinter sich, aus Ärger, weil er die Königskrone nicht annehmen konnte. Und dieses ›Let me have men about me that are fat‹ klingt im Englischen gar nicht schön. Bei Schlegel ist das Stakkato der kurzen Worte vorschnell beschönigt. Denn anschließend verdächtigt Caesar den Cassius, den Mark Anton als einen edlen und wohlgesinnten Mann verteidigt. Caesar erwidert (nach Schlegel) ›Wär' er nur fetter!‹ (›Would he were fatter!‹). Aber da Schlegel nicht beim ersten Mal ›fett‹ gesagt hat, ist die Assoziationskette nicht mehr da. Dabei ist es bei Shakespeare so, daß Caesar, wenn ihm widersprochen wird, in seiner Replik immer Worte verwendet, die er schon vorher gebraucht hat. Das zeigt seine Dickköpfigkeit, an der er schließlich auch stirbt, weil er in den Senat geht, obwohl Calpurnia und andere dagegen sind. Solche Hinweise auch nur im kleinsten Detail zu zerstören ist gefährlich.

(...)

Eine Heilige Kuh gehört nicht in die Theaterpraxis. Generationen von Schauspielern haben sich mit dem Schlegel-Text ungeheuer geplagt. In Folge dessen wurde er heimlich und manchmal auch offiziell von verschiedenen Leuten immer wieder bearbeitet und zur Sprechbarkeit umgeschrieben. Das muß man einmal in dieser Eindeutigkeit sagen, und die Bearbeiter sollten es offen zugeben. Ich habe bisher sechsundzwanzig Shakespeare-Stücke übersetzt, aber darunter ist keins, dessen Übersetzung nicht von einem Theater oder einem Fernsehsender in Auftrag gegeben wurde. Man kann dann bei den Proben seine Übersetzungen noch überprüfen. Selbst wenn man die schönste Übersetzung geliefert zu haben glaubt, kommt man immer noch darauf, daß sie nicht fertig ist und daß Stellen, mit denen Schauspieler und Regisseure Schwierigkeiten haben – sogar dann, wenn ihre Änderungsvorschläge Unsinn sind –, selten Stellen sind, an denen der Übersetzer eine Glanzleistung vollbracht hat. Der Übersetzer tut also gut daran, nicht die Schauspieler und Regisseure als inkompetente Outsider zu betrachten, sondern sich seine Übersetzung noch einmal vorzunehmen und die entsprechenden Stellen zu überprüfen. Aber auch nach dieser Korrektur durch die Praxis sind Übersetzungen noch nicht fertig. Sie werden in Wirklichkeit nie fertig.

(...)

Auch noch so gute Sprachkenntnisse garantieren nicht per se eine gute Übersetzung, was ein weiteres Beispiel aus Schlegels ›Sommernachtstraum‹-Übersetzung (V. 1) belegt. Nachdem Tom Snout im Schauspiel der Handwerker die ›Wand‹ dargestellt hat, sagt Demetrius: ›It is the wittiest partition that I ever heard discourse‹. ›Partition‹ heißt zweierlei. Es ist erstens ›Trennungswand‹, und zwar die, die Pyramus im Stück der Handwerker von Thisbe trennt. Zweitens meint ›partition‹ jene ›Abteilung‹ eines gelehrten Traktats, wo es zur Disputation freigegeben wird. Mir ist das erst durch einen Kommentar klar geworden, aber Schlegel hat es schon ohne fremde Hilfe gewußt und verstanden. Er schreibt: ›Es ist die witzigste Abteilung, die ich jemals vortragen hörte‹. Diese Übersetzung ist leider nur ein rein philologischer Sieg. Ein Theaterbesucher registriert nämlich weder die ›Trennungswand‹ noch die ›Abteilung‹ im gelehrten Werk. Der Theatermann Shakespeare hätte sich darüber schiefgelacht.

Ich will aber auch zugeben, daß das obige Wortspiel in einer Übersetzung kaum zu retten ist. Andererseits: Wenn man Wortspiele unbedingt retten möchte, so kann man in einer künstlerischen Übersetzung natürlich auf eigene Gefahr auch frei verfahren. So ist es etwa möglich, um den Text nicht verarmen zu lassen, ein anderes Wortspiel einzufügen, das kurz vor oder nach der problematischen Ursprungsstelle steht und von dem angenommen werden kann, daß es im Sinne des Dichters sei. Dieses Vorgehen ist aus philologischer Sicht freilich angreifbar. Darum ist es immer eine Gratwanderung, zu entscheiden, ob man den Text wirk-

lich verändert oder ob man ihn im Sinn einer Interlinear-Interpretation korrekt wiedergeben will und dabei in Kauf nimmt, daß er dichterisch verarmt.

(...)

Es wäre aber auch ein großes Unrecht, das Lebenswerk von Menschen wie Schlegel einfach beiseite zu schieben, obwohl Schlegel in dieser Hinsicht selbst beileibe nicht immer fair war. Er hat Wieland angegriffen und gleichzeitig auch ganz schön bei ihm geplündert. Er hätte das zugeben sollen. Wieland hat in der Tat viel weniger gewissenhaft übersetzt, aber er hatte dabei eine gewaltige Sprachkraft. Es ist ihm beispielsweise auch nicht passiert, daß er, um Reim und Vers zu wahren, so oft auf das Partizip Präsens zurückgreift wie Schlegel. Die englische Sprache hat eine große Affinität zu diesem Partizip, anders das Deutsche. Wenn man es partout übernimmt, merkt man der Übersetzung sofort die Übersetzung an. Nach Übersetzung klingen z. B. Herweghs Versionen fast nie, Schlegels leider doch recht oft. Und das sollte eigentlich generell vermieden werden, auch bei einem so schwierigen Autor wie Shakespeare.

(...)

Es geht mir aber nicht um eine oberflächliche ›Modernisierung‹ Shakespeares. Ich will auch nicht jede Spur von Schlegel löschen, was nicht nur undankbar wäre, sondern außer Acht ließe, daß die Assoziationen zu Shakespeare im Deutschen von Schlegel mitgeprägt sind und daß keine dichterische Kommunikation bestehende Assoziationen einfach übergehen darf. Aber mit einer bloßen Überarbeitung der alten Übersetzungen ist es ebensowenig getan. Sprachstil und Originaltreue stellen heute völlig andere Anforderungen, und wenn ich auch ›moderne‹ Worte womöglich vermeide, schließe ich doch verstaubte Worte aus, außer wo Shakespeare selbst eine seiner Personen absichtlich altmodisch reden läßt.

(...)

Unglücklicherweise gibt unsere raschlebige Zivilisation für Übersetzungen kaum genügend Zeit. Sogar bei der großen neuen ›Ulysses‹-Übersetzung von Wollschläger hatte der Übersetzer noch zu wenig Zeit, beziehungsweise bekam zu wenig Geld für seine lange mühselige Arbeit. Er hat nichtsdestotrotz eine grandiose Leistung vollbracht. Es ist die größte Annäherung, die man sich denken kann. Dadurch ist der ›Ulysses‹ zum ersten Mal in deutscher Sprache wirklich zugänglich geworden. Denn obwohl die Goyertsche Übertragung von Joyce autorisiert war, kam sie dem Original nicht im Entferntesten nahe und wimmelte von Fehlern.«

(Übersetzen oder Nachdichten, Vortrag 1988)

»Die grotesken Mißverständnisse, die das Spätwerk Shakespeares, ›Timon von Athen‹, in manchem Jahrzehnt behüteter Wohlanständigkeit von englischen wie von deutschsprachigen Bühnen fernhielten, beruhen darauf, daß ›Timon‹ keine zeitlose Tragödie, kein blosses Gleichnis, kein verkapptes grimmiges Lustspiel ist, auch keine ›Romanze‹, wie manche behaupteten, sondern etwas von all dem, zugleich aber eine erbarmungslose Gesellschaftskritik der Zeit Shakespeares, von der vieles auch Bürgern späterer Jahrhunderte unangenehm und nur deshalb unverständlich blieb. Wie der mittelalterliche ›Jedermann‹ ist ›Timon‹ ein Morality-Play – aber ohne Gott, und nicht nur das Drama eines Menschen oder einiger Gesellschaftsklassen, sondern auch des Geldes. Das hat vielleicht als erster der junge Karl Marx erkannt, der in seinen ›Ökonomisch-philosophischen Manuskripten‹ Timons Ansprachen an das Gold ausführlich zitiert und kommentiert.

Die meisten Shakespeare-Erklärer und -Kritiker des 19. und 20. Jahrhunderts aber bestanden darauf, ›Timon von Athen‹ abstrakt als ›zeitlose‹ Dichtung über das Schicksal eines Verschwenders, über den raschen Wechsel von Glanz und Elend, über Liebe und Haß, über Undankbarkeit usw. zu sehen, nicht aber als Abbild von Zeitfragen des Autors. Zwar haben einige neugierig auch zeitgenössische Anspielungen vermutet, aber nur, ob mit Timon vielleicht Essex oder gar Bacon gemeint gewesen sei. Dafür gibt es kaum Anhaltspunkte. Desto deutlicher aber ist die Zeitbezogenheit des allgemeinen gesellschaftlichen Hintergrundes.

Die ›Lords‹ um Timon sind Adelige der Shakespeare-Zeit, in der ein großer Feudalherr vom alten Schlag – wie Timon –, wenn er sich nicht umstellen und wie

Timons geldgierige falsche Freunde durch Geschäfte mehr Geld machen will, bald ruiniert war. Das Don-Quichotte-Element in Timon, der den alten Idealen die Treue zu halten versucht, ist unverkennbar, ebenso wie die Wendigkeit seiner falschen Freunde, die das Geld als Kapital schätzen, nicht nur als Mittel zum schönen Aufwand des großen Mäzens und Edelmanns und zur Erfüllung der Gebote christlicher Nächstenliebe.

Timon ist keineswegs ein naiver, eitler Dummkopf. Er erkennt auf den ersten Blick, daß der Juwelier ihn übervorteilen will. Er schätzt den alten Athener, dem es bei der Verheiratung seiner Tochter vor allem aufs Geld ankommt, sofort richtig ein. Er weiß, daß zur Sanierung des Ventidius mehr als die bloße Auslösung aus der Schuldhaft nötig ist, und gar, daß der Kriegsheld Alkibiades vom Dank der Senatoren (mit denen die mächtigsten Großkaufleute Londons gemeint sind) nicht viele Glücksgüter zu erwarten hat, weiß Timon schon, ehe Alkibiades selbst es weiß. Wenn Timon dennoch immer wieder gute Miene zum bösen Spiel macht, das mit ihm getrieben wird, so aus demselben Grund, aus dem er die Warnungen seines treuen Dieners Flavius nicht anhört: Timon will die Wahrheit über die Rolle des Geldes und was es aus den Menschen macht nicht wissen! Noch nicht. Ihm graut davor. Sehr bald, wenn er Athen den Rücken gekehrt hat und von den Menschen, weil sie nur dem Gold nachjagen, nichts mehr wissen will, findet er Gold – viel, vielleicht mehr als er je besessen hat! – und weiß plötzlich alles über das Geld, von dem er sich zuvor scheinbar narren ließ. Der Verlust seiner Illusionen, an die er sich so lange geklammert hat, hat ihm sein eigenes Wissen verfügbar gemacht.

Shakespeare kennt noch die Zeit, und mehr noch die Traditionen und Ideale, des alten Feudalismus. Er weiß auch, daß sie zu Ende geht, eigentlich schon vorbei ist, auch, wessen Macht auf sie folgen wird und was dabei aus den Menschen zu werden droht. ›Die Bourgeoisie, wo sie zur Herrschaft gekommen, hat alle feudalen, patriarchalischen, idyllischen Verhältnisse zerstört. Sie hat die buntscheckigen Feudalbande, die den Menschen an seinen natürlichen Vorgesetzten knüpften, unbarmherzig zerrissen und kein anderes Band zwischen Mensch und Mensch übriggelassen als das nackte Interesse, als die gefühllose »bare Zahlung«. Sie hat die heiligen Schauer der frommen Schwärmerei, der ritterlichen Begeisterung, der spießbürgerlichen Wehmut in dem eiskalten Wasser egoistischer Berechnung ertränkt.‹ (Karl Marx)

In diesem Zitat findet sich Erkenntnis der Unaufhaltsamkeit dieses ›Fortschritts‹, leiser Spott über die alten Illusionen und Zustände, zugleich aber auch Trauer um ihre Vernichtung. Eine ganz ähnliche Mischung von Gedanken und Gefühlen hat Shakespeare in den ›Timon von Athen‹ gelegt, übrigens auch Goethe in den zweiten Teil seines ›Faust‹, wenn der Teufel beim Bau der neuen Zeit schnell Philemon und Baucis umbringt und zuletzt der geblendete Faust, der glaubt, Neuland für freies Volk auf freiem Grunde zu erschließen, nur ein Heer seiner eigenen Totengräber befehligt. Es ist kein Zufall, daß ›Faust, zweiter Teil‹ den braven Bürgern lange ähnlich unverständlich war wie ›Timon von Athen‹.«

(Wer oder was ist Timon von Athen, 1975)

»Noch einige Worte zu meiner Übertragung des ›Cymbelin‹. Dieses Stück war in mancher Hinsicht leichter zu übersetzen als ›Sommernachtstraum‹, ›Heinrich V.‹ oder ›Die Lustigen Weiber von Windsor‹. Es enthält nur wenige Wortspiele, fast nur im Gespräch der Hofherren mit Cloten. Die lange lyrische Einlage der Erscheinung Jupiters im fünften Akt ist von geringerem dichterischen Wert als die kurze Totenklage im vierten Akt und demgemäß leichter zu übersetzen. Die Sprachebene ist bis auf Cloten, die Kerkermeister und vielleicht den Diener Pisanio für alle Personen mehr oder minder die gleiche; die Versform ist ziemlich einfach. Andererseits gab es einige Stellen, die von bisherigen Übersetzungen teils mißverstanden, teils zu sehr vereinfacht wurden. Zum Beispiel gleich die ersten drei Zeilen, in denen ein Edelmann einem anderen die Stimmung bei Hofe erklärt:

> You do not meet a man but frowns. Our bloods
> No more obey the heavens than our courtiers
> Still seem as does the king.

Das heißt bei Dorothea Tieck:

> Ja, hier schaut jeder finster; unser Blut
> Folgt minder nicht dem Himmel, als der Höfling
> Stets wie der König scheinen will.

Gundolf übernimmt diesen komplizierten Satz, nur daß er nach ›finster‹ einen Doppelpunkt an die Stelle eines Strichpunktes setzt und zuletzt statt ›scheinen will‹, ›scheint‹ schreibt. Johann Wilhelm Otto Benda (im neunzehnten Jahrhundert) übersetzt:

> Auf jeder Stirn nur Mißmut! Unser Blut
> Gehorcht dem Himmel mehr als unsre Hofherrn,
> Die so gestimmt stets scheinen, wie der König.

Wenn die ersten zwei Übersetzungen nur frei und für das Publikum etwas schwer zu verstehen waren, so ist Benda frei und unrichtig. Eine ausgezeichnete Übertragung aus der zweiten Hälfte des neunzehnten Jahrhunderts aber stammt von Otto Gildemeister. Sie fängt an:

> Ihr trefft nur finstre Mienen: Fleisch und Blut
> Gehorcht dem Wetter mehr nicht, als die Hofherrn
> Flugs ausschaun wie der König.

Das ist im Grunde wörtlicher als alle anderen Übersetzungen, und gleichzeitig viel verständlicher. Diese Übersetzung von Otto Gildemeister aus Bremen, die er für die Brockhaus-Bodenstedtsche Shakespeareausgabe lieferte und die weit originalgetreuer und gerade in ihrer Einfachheit auch dichterischer ist als etwa die Übersetzung des Bremer Dichters Rudolf Alexander Schröder in unserem Jahrhundert, gefiel mir so gut, daß ich ursprünglich die Absicht hatte, sie nur zu bearbeiten.

Tatsächlich habe ich viele Zeilen oder Redewendungen dieser Übersetzung entlehnt und sie viel anregender gefunden als die Fassungen Gundolfs oder Dorothea Tiecks. Dennoch ließ ich meinen Plan einer bloßen Bearbeitung fallen.

Obwohl ich mir gelegentlich, wenn ich mit der Zeilenzahl des Originaltextes nicht auskommen kann, gestatte, eine Zeile mehr zu brauchen, wollte ich mir darin doch weniger Freiheit erlauben als Gildemeister. Außerdem ist gerade die dichterische Diktion der zweiten Hälfte des neunzehnten Jahrhunderts für uns oft nicht akzeptabel. Zum Beispiel, schon in den ersten drei Zeilen findet sich das Wort ›flugs‹ – ein ausgezeichnetes Wort, aber hier unnötig und für den heutigen Leser oder Hörer etwas papieren. Schließlich hat gerade eine der großen Tugenden dieser Übersetzung, nämlich ihre Flüssigkeit, die sie wirklich nirgends ›übersetzt‹ wirken läßt und aus der Volkssprache reiche Anregung empfängt, doch auch gelegentlich ihre Schattenseiten. Vor allem entfernt sich dieser deutsche Text manchmal von der Gedankenwelt Shakespeares. Wenn der Dichter am Anfang des siebzehnten Jahrhunderts schreibt: ›Our bloods / No more obey the heavens than our courtiers / Still seem as does the king‹, so meint er mit ›heaven‹ sicherlich nicht, wie Gildemeister dies auffaßt, das Wetter als Kraft, die Fleisch und Blut beeinflußt, sondern die Himmelssphären und die Planeten. Es handelt sich hier doch wohl um Astrologie und nicht um Meteorologie. So habe ich übersetzt:

> Stirnrunzeln, wo Ihr schaut! Die Himmelssphären
> Regieren unser Blut nicht mehr als jeden Höfling
> Bisher des Königs Blick.

Der Sinn ist natürlich fast der gleiche wie bei Gildemeister. Nebenbei bemerkt, ›Our bloods‹ muß nicht nur unser Blut oder unser Fleisch und Blut heißen, sondern kann wohl auch ›unsere Herren vom edlen Blut‹ bedeuten.

Hier noch eine letzte Stelle, wenige Zeilen später, die an die vorherige Schilderung der Stimmung bei Hof anknüpft und die hier im Original und in mehreren Übersetzungen zitiert sei, um sowohl die Beziehungen zwischen Urtext und Übertragungen als auch die Verschiedenheiten der Diktion der Übersetzer zu zeigen. Bei Shakespeare heißt es:

> But not a courtier,
> Although they wear their faces to the bent
> Of the king's looks, hath a heart that is not
> Glad of the thing they scowl at.

Das heißt bei Dorothea Tieck:

> Doch kein Höfling, –
> Wenn alle auch ihr Antlitz stimmen nach
> Des Königs Blick – des Herz sich nicht erfreut
> Ob dem, weshalb sie grollen.

Gundolf hat diesen Text wörtlich übernommen. Benda schreibt, meines Erachtens ein klein wenig leichter sprechbar:

Allein kein Höfling, –
Wie sehr sie auch das Antlitz nach dem Blick
des Königs falten, – hat ein Herz, das nicht
Der Sache sich erfreut, um die er schmollt.

Und Gildemeister ist auch hier wieder frei (zum Beispiel konstruiert er ›der Hof‹ dem Sinn nach mit dem Plural, wodurch er fast umgangssprachlich wird, und bringt ein lachendes Herz hinein) und zugleich, wie immer, sofort leicht zu verstehen. Bei ihm heißt es:

Doch der Hof –
Obwohl ihr Antlitz nach des Königs Blick
Sich richten muß, lacht doch ihr Herz bei dem
Was ihre Stirnen runzelt.

Trotz dieser ausgezeichneten Übersetzung blieb ich schließlich bei meinen eigenen Worten:

Doch nicht ein Höfling,
(Wenn jeder sein Gesicht auch nach den Mienen
Des Königs trägt,) den nicht im Herzen freute,
Was er dann laut verurteilt.

Und damit sollen diese Ausführungen schließen. Auf Vollständigkeit im Heranziehen der Beispiele erheben sie keinen Anspruch. Ich hätte Wieland und Eschenburg zitieren müssen, Flatter, Rudolf Alexander Schröder, Hans Rothe, den ich allerdings nicht als Übersetzer, sondern als eine Art Umdichter betrachte, eine Tätigkeit, die mir nicht liegt; und unter den zeitgenössischen Übersetzungen hätte ich zumindest Rudolf Schaller in der DDR würdigen müssen, den schon seine große Gewissenhaftigkeit dem Original gegenüber besonders lesenswert macht. Aber Schallersche Texte standen mir bei den vier Dramen, mit denen ich mich zu befassen hatte, leider noch nicht zur Verfügung, und auch sonst habe ich hier nur jene Übersetzungen als Beispiele genannt, die mir ihrer Diktion nach tatsächlich etwas zu sagen hatten. Von Rudolf Alexander Schröder fühle ich mich da sehr weit entfernt. Flatter allerdings, vor allem aber Wieland habe ich bei der Übersetzung des ›Sommernachtstraums‹ mit in Betracht gezogen, Wieland sogar mehr als Schlegel.«

(Epilegomena zu einigen Shakespeareübersetzungen, Vortrag 1964)

Peter Demetz

Shakespeare für alle
Erich Fried, ein Übersetzer, der das Publikum nicht vergißt

Wir leben in einer Epoche der Literatur, in welcher die Kontinuitäten wieder deutlicher sichtbar werden als die Brüche von gestern; und selbst die Schriftsteller, die damals Leben und Arbeit in radikalen Entschlüssen änderten, sind nicht mehr willens, ihr intimes Selbst (wenn sie noch eines haben) einer öffentlichen Rolle ganz aufzuopfern. Erich Fried, der im Jahre 1968 seine amtliche Funktion bei der BBC plötzlich aufgab, um sich für eine Neue Linke undogmatischer Richtungen zu engagieren, gehörte allerdings niemals zu jenen, die ihre Vergangenheit mit einem Schlage verdrängten – so einfach ist das nicht, mit einer Wiener jüdischen Kindheit, einem von der Gestapo gemordeten Vater und der Heimatlosigkeit im Exil.

Wir vergessen leicht, daß der junge Fried in der Zeit zwischen seinen ersten patriotisch-antifaschistischen Gedichten, die noch vor Ende des Zweiten Weltkrieges erschienen, und der erneuten lyrischen Produktivität mehr als zwölf Jahre später, Übersetzer war, aus Passion, Handwerksinteresse und Not, und daß er sich an Übertragungen T. S. Eliots, John Millington Synges, Graham Greenes und, vor allem, Dylan Thomas' (noch unvergessen von den deutschen Lesern) übte, ehe er bereit war, an eine Gesamtübersetzung Shakespeares zu gehen und, ob er wollte oder nicht, als Autor unseres Jahrhunderts mit Karl Kraus, Friedrich Gundolf, Richard Flatter, Hans Rothe und Rudolf Schaller (um nur einige zu nennen) in Wettstreit zu treten.

Diese Übersetzungsarbeit, die ein bewunderungswürdiges Studien- und Arbeitspensum voraussetzt, steht nicht im Konflikt mit seinen öffentlichen Interessen; er, der radikale Demokrat, will einen Shakespeare für alle, und nicht nur für die gebildete Elite. Die Arbeit bietet ihm aber auch die geheime Möglichkeit, dem poetischen Silbenstechen zu frönen wie in jüngeren Jahren, sich tief in Vergangenheit und Gegenwart zweier Sprachtraditionen hineinzuhören, Wortklänge und Bedeutungsmöglichkeiten in der Stille zu prüfen und aus der geräuschvollen Welt der Podiumsdiskussionen und überfüllten Versammlungssäle in ein privates Sprachgehäuse zurückzukehren – Übersetzungen als Gegengewicht, Balance, Kompensation?

Fried zählt, wie vor ihm Wieland, Georg Herwegh und viele andere, zur illustren Reihe jener Übersetzer, die »den Schriftsteller möglichst in Ruhe« lassen, um ihm die Leser »entgegenzubewegen«. Der Übersetzer dieser Art nimmt (ich fahre fort, Schleiermacher zu zitieren) den »wunderbarsten Stand der Erniedrigung auf sich«, stellt sein poetisches Temperament nicht selbstherrlich vor den Autor und arbeitet mit einem langen loyalen Blick auf Leser und Theaterpublikum seiner Gegenwart. Ein klarer, aber nicht simpler, ein deutlicher, aber nicht aufpolierter Shakespeare ist uns eher nah als ferne, eher nachbarlich als fremd und nicht ganz ohne die volks- oder gar jugendpädagogische Absicht verdolmetscht, dem Hörer auch das Schwierige, Eruptive, farbig Schillernde oder gar Abgründige zugänglich zu machen, ohne durch neue Sprachrätsel abzuschrecken.

Ich will mich genauer erklären: Wenn ich einer Shakespeare-Aufführung in deutscher oder englischer Sprache beiwohne, so brauche ich, wenn ich ehrlich sein soll, eine gewisse Zeit, ehe ich den kunstvollen Vers aus alten Worten wirklich höre und den Zusammenhang begreife. Die Sprache der poetischen Dramatik ist nicht das Idiom meines Supermarket-Alltags, und meine Aufnahmefähigkeit muß sich erst auf das Andersartige in Rhythmik, Bild und Satzkonstruktion einspielen.

Fried geht es darum, diese Schwellen-Zeit oder Rampen-Angst vor dem berühmten Klassiker möglichst zu verringern und der Sprache dort oben oder unten (je nach Ordnung der Bühne) die problematische Fremdheit zu nehmen; sobald der Vorhang magisch aufrauscht oder die Lichter aufleuchten, sind wir mittendrin und hören ohne Zögern zu. »Weiß wirklich nicht, was mich so traurig macht... / Und diese Traurigkeit macht mich so geistlos, daß ich mich selbst kaum noch erkennen kann«, sagt der melancholische Handelsherr Antonio in den ersten Versen, Szene 1, Akt I, des »Kaufmanns von Venedig«, und wir wissen gleich, daß der Übersetzer an diesem Theaterabend auf unserer Seite steht. »...Und solchen Dummkopf macht aus mir die Schwermut / Ich kenne mit genauer Not mich selbst«, das hat, in der Schlegel-Tieck-Übersetzung, mehr kunstvolle und noble Spannung, nur eben nicht das Lockere des Straßengesprächs, von Shakespeares gedrängter Zusammensetzung »want-wit« (I,1,6), wenn er sie je so schrieb (für »Dummkopf« oder »geistlos«), gar nicht zu reden.

Als politischer Schriftsteller mag Erich Fried zu den radikalen Fürsprechern öffentlicher Veränderungen gehören, aber als Übersetzer ist er ein Mann der Loyalität und des Respekts, für Shakespeare, den Text und die vielen Vorgänger in der Übertragungsarbeit. Er ist nur selten geneigt, die ältere Sprache durch auffällige Modernismen unserer eigenen Sprach-Szene anzugleichen, und nimmt es in Kauf, der klassisch-romantischen Tradition verpflichtet zu bleiben. Sein Shakespeare ist nicht unser Zeitgenosse, aber doch einer, der uns in seinem Sprachausdruck näher steht als dem barocken Jahrhundert.

Frieds Modernisierungen sind leicht, witzig und selten: in »Julius Caesar« fragen die Politiker einander über den Proskriptionslisten, ob auch alle zukünftigen Opfer des Terrors »abgehakt« (IV,1,1) seien; und Brutus, der Ernste und Dogmatische, bemerkt, es fehlt »da etwas / vom flotten Lebensgeist eines Antonius«, eine jedenfalls einprägsamere Formulierung als die von seinem »muntren Wesen« (»quick spirit«, I,2,29), die uns Rudolf Schaller, Frieds Arbeitskollege in der DDR, anbietet.

Ich hielt (die neuere Bedeutung voraussetzend) die Übersetzung der »Sturm«-Prosastelle, in welcher die beiden Matrosen den lärmenden Caliban mit »Sekt« betrunken machen, für einen launigen Privatscherz Frieds. Ich irrte – gerade da ist er ganz und gar traditionell, denn dieser nur scheinbar so moderne Sekt geht über Schlegel-Tieck bis auf Wieland ins achtzehnte Jahrhundert zurück. Der Oxford English Dictionary polemisiert gravitätisch gegen Grimms Wörterbuch und erklärt, Shakespeares »sack« (dem Caliban, Fallstaff und andere zusprechen) sei nichts anderes als trockener Weißwein, Vino secco, und nicht das süße Produkt einer Trockenbeerenauslese, wie die Brüder Grimm meinen – die allerdings auch wissen wollen, daß es gerade der Shakespeare-Darsteller Ludwig Devrient war, der seinen Lieblingsschaumwein mit dem Namen aus seinen Rollentexten bedachte.

Ich habe in den vier neuen Texten Frieds nur eine einzige falsche Modernisierung gefunden, und zwar dort, wo Bassanio, im »Kaufmann von Venedig«, über den unheilvollen Brief klagt, der über die kommerziellen Schicksalsschläge seines Freundes Antonio berichtet: »– hier stehen mit die unangenehmsten Worte, / die Papier je schwärzten.« Der elegante Bassanio (der ja der dialektisch beredten, aber auch ermüdend gesprächigen Portia Widerpart bieten muß), darf nicht in der Art Ödön von Horváths reden, wie ein erschrockener Kleinbürger auf dem Postamt, und deshalb sind mir Schlegel-Tieck in diesem Falle lieber: – »Hier sind es paar so widerwärt'ge Worte, / als je Papier befleckten«.

Fried will den Text sprechbar und deutlich, für Spieler und Hörer, machen, und diese Grundentscheidung zieht ihre Folgen nach sich. Das Gedrängte und Komprimierte der Bildkonstruktionen und der gebündelten Bedeutungen, die sich oft in einer einzigen widersprüchlichen Wendung verschlüsseln, müssen zuzeiten dem Einfacheren weichen oder, an anderer Stelle, einer melodramatischen Steigerung; und schon der Anglist Rudolf Stamm, der Frieds Übersetzungen vor gerade fünfzehn Jahren als erster, und mit Recht, vom Standpunkt der sachkundigen Philologie rühmte, sprach von Frieds Neigung, »die metaphorische Spannung gegenüber dem Original lieber zu steigern als... herabzusetzen«.

Schlegel war, wie der Übersetzer Richard Flatter einmal bemerkte, in schwierigen Augenblicken geneigt, das allzu Dunkle kunstvoll zu paraphrasieren und statt einer einzigen Verszeile, wenn er es für nötig hielt, zwei oder drei auszuarbeiten, um ein gedrängtes Bild gleichsam in seinen Bestandteilen zu entfalten. Fried will den vorgegebenen Verszeilen treu bleiben und weicht lieber aus, anstatt zu dehnen oder zu umschreiben und so das rhythmische Gefüge in Unordnung zu bringen; selbst darin ist er ein pietätvoller Loyalist, der mit Brechts aufgerauhtem oder irregulärem Blankvers nichts zu tun haben will. In »Julius Caesar« übersetzt er die Worte des Antonius über Caesars Geist, »ranging for revenge« (III, 1,270), einfach, und ein wenig Theaterschmalz nicht verschmähend, mit »racheschnaubend«, verdeckt uns aber auch die wilde Bewegung des nach Opfern lechzenden Jägers oder Raubtieres; und in Shylocks berühmter Prosa-Rede (III,1) über das Menschliche aller Juden reproduziert er »dimension« (ein würdig philosophisches Wort für das göttliche Ebenmaß der menschlichen Gestalt) volkstümlich mit »Leib und Glieder« und verliert dadurch, notwendig, den gedanklichen Anklang des Wortes an die folgenden »affections, passions«, »Neigungen, Leidenschaften«. Die Steigerung wiederum überdreht: Frieds Cassius spricht, um Caesars Selbstherrlichkeit zu erklären, von den Römern als »feigem Vieh«, aber Shakespeares Cassius sagt »Roman hinds« (I,3,106), also »Hindinnen«, und Rudolf Schaller hat ganz recht, von »Rehen« zu sprechen.

Übersetzer sind nicht unparteiisch, sagt Schleiermacher in seiner Rede über die ersten Prinzipien der Übersetzungskunst, warnt vor »beharrlicher Eigenart«, welche ein Element des Kunstwerkes einem anderen vorzieht, und erwägt die je und je begrenzten Möglichkeiten eines »ethischen« Übersetzers, der sich vom sittlichen Stoffe und seiner Behandlung angezogen fühlt, im Vergleich mit jenen seines musikalisch-metrischen Kollegen, der »das logische Moment hintansetzt«.

Erich Fried ist, zum Glück des deutschen Gegenwartstheaters, durch schmerzliche Lebenserfahrungen und das Engagement seines Mannesalters, ein »ethischer« Übersetzer geworden, der den rhythmischen Vers der klassisch-romantischen Epoche unverlierbar im Ohr behalten hat; und deshalb ziehe ich, in diesem Augenblick seiner komplizierten schriftstellerischen Entwicklung, seine Übertragung der »römischen« und anderen Stücke, welche die ethischen Fragen der Macht, des Gesetzes und der Gesellschaft erforschen, seinen anderen Übersetzungen vor. Sein deutscher »Sturm« leuchtet in vielen zaubrischen Szenen, zum Beispiel im emanzipierten Liebesgespräch Mirandas mit Ferdinand oder in Prosperos elegischen Gesprächen mit Ariel, den er wunderbar genau sein »Herzensvöglein« (»chick«, V,I,316) nennt – aber »Julius Caesar«, »Der Kaufmann von Venedig« und »Titus Andronicus« sind energischer und fugenloser übersetzt als das spielend Komödiantische oder das luftig Lyrische allein.

»Titus Andronicus«, als barockes Stück so grausam, kalt, vulkanisch und ungerührt, daß man es aus dem reinen Shakespeare-Kanon verbannen oder zumindest teilweise einem älteren Autor zuschieben wollte, bedarf in Frieds Übertragung keiner spitzfindigen Verteidigung mehr. So spricht Tamora, die wilde Gotenkönigin, zu ihrem Aaron, dem »kimmerischen Mohren«, der sich (so grundlos böse wie Jago) in den Kopf gesetzt hat, das ganze Geschlecht der Androniken zu verderben –

Die Schlange liegt entrollt in warmer Sonne,
Das grüne Laub erbebt im kühlen Wind
Und zeichnet Schattengitter auf den Boden.
Komm Aaron, sitzen wir im süßen Schatten;
Solang das Echo das Gebell der Hunde
Verspottet, die den Hörnerruf erwidern,
Als hörte man zu gleicher Zeit zwei Jagden.

Das Wort von den zwei Jagden zeigt uns an, daß auch das große Halali auf die Menschen begonnen hat, die süße Lyrik lügt, Tamora will ihre Lust an dem Manne kühlen, so wie er sie für seine Pläne benutzen will, und was folgt, sind Gewalt, Vergewaltigung, abgehackte Hände, Kannibalismus. Der Zwiespalt von schöner Sprache und machtlüsterner Unmenschlichkeit, von kunstvoller Rhetorik und menschenschlachtender Brutalität ist uns nicht so fremd, wie uns ältere Shakespeare-Kommentatoren darlegten. Frieds Übersetzung entdeckt uns, indem sie den Nerv unserer historischen Erfahrung trifft, daß wir dem Schrecken archaischer Zeiten, die nicht die goldenen waren, näher stehen, als wir je glaubten.

Shakespeares Geburtshaus in Stratford

Der alte Scherz, nicht Shakespeare habe seine Werke geschrieben, sondern ein anderer Herr gleichen Namens, ist zwar immer noch ganz lustig, aber nicht mehr zutreffend. Zwar gibt es einige Lücken in der Biographie Shakespeares, aber seine soziale und gesellschaftliche Stellung ist doch recht gut zu umreißen. Und daß es dieser Shakespeare war, der seine Werke geschrieben hat, und kein anderer ist inzwischen nicht mehr zu bezweifeln. Nach den Dokumenten der Holy Trinity Church in Stratford-upon-Avon ist Shakespeare am 26. April 1564 getauft worden. Sein Vater John Shakespeare war ein Handschuhmacher und Gerber und zur Zeit von Shakespeares Geburt ein wohlhabender und geachteter Bürger. Später geriet er jedoch auf unbekannte Weise in finanzielle Schwierigkeiten: Dokumente zeigen, daß er beträchtliche Schulden machen mußte. 1592 erschien sein Name auf einer Liste von Personen, die den monatlichen Kirchgang verabsäumten. Es ist nicht auszuschließen, daß er dem alten Glauben, also dem Katholizismus zuneigte. Dies ging aus seinem Testament hervor, das man im 18. Jahrhundert auf dem Dachboden seines Hauses fand, das aber inzwischen wieder verschwunden ist. 1592 wurde John Shakespeare ein Familienwappen verliehen, womit der Status eines niederen Edelmanns verbunden war. Das wurde wahrscheinlich von William veranlaßt, der um die Mitte der 90er Jahre in London schon zu Ansehen gekommen war und sich Beziehungen zum Adel verschafft hatte.

Shakespeare besuchte mit großer Wahrscheinlichkeit »King's New School« in Stratford, eine schulgeldfreie, dennoch angesehene Schule. Zwar ist über Einzelheiten seiner Schulbildung nichts bekannt, dafür daß er ungebildet gewesen wäre, wie die Klassizisten gerne behaupteten, spricht allerdings wenig; wahrscheinlich konnte er doch Latein. Am 28. November 1682 heiratete Shakespeare Anne Hathaway, eine Bauerntochter, die anscheinend sechs Jahre älter war als er. Im Mai 1583 wurde den beiden eine Tochter geboren, 1585 folgten Zwillinge. Für die Zeit zwischen 1585 und 1592 existieren keine Dokumente über Shakespeare. Er wird aber Stratford und die Familie ziemlich bald verlassen haben, denn um 1592 hat er in London als Schauspieler und Dramatiker bereits einen guten Namen. Die Widmung von »Venus und Adonis« an den Earl of Southhampton belegt seine Kontakte zum Adel.

Der Schulraum, in dem Shakespeare Latein lernte

Mitte der 90er Jahre wird Shakespeare auch zum Theaterunternehmer und partizipiert so am Aufstreben der Wirtschaft unter der Herrschaft Elisabeths. 1594 spielte er mit »Lord Chamberlain's Men« zwei Stücke bei Hofe, wofür er das Honorar bereits als eine Art Geschäftsführer entgegennahm und quittierte. Später erhielt er einen Eigentumsanteil an verschiedenen Theatern. Am Globe waren ihm 10% der Gewinne gesichert. Offenbar machte Shakespeare auch über die Theaterwelt hinaus Geschäfte: Häuser und Grund, Beleihungen, Spekulationen und Verkäufe sind belegt. 1597 war Shakespeare so wohlhabend, daß er das zweitgrößte Wohnhaus Stratfords erwerben konnte, ohne daß dies weitere Investitionen verhinderte. So erwarb er 1598 zehn quarters Weizen und Gerste (ca. 3000 l). All dies zeigt, daß Shakespeare jedenfalls kein weltfremder Dichter war, sondern als Schauspieler, Dramatiker, Geschäftsmann und Mann der Gesellschaft mit beiden Beinen im öffentlichen Leben stand.

1598 wird Shakespeare von Francis Meres als der größte Dramatiker Englands gepriesen. Um 1600 sind die Spuren seines Lebens wieder nur sporadisch erhalten. Vom Werk her hat man ein Stimmungstief Shakespeares um diese Zeit erkennen wollen. Sicher ist nur, daß 1601 sein Vater starb und Southhampton ins Gefängnis geworfen wurde. 1603 starb Elisabeth, wozu sich Shakespeare offenbar nicht äußerte. Im selben Jahr billigte ihm eine königliche Urkunde Jakobs die unbehinderte (und gut entlohnte) Ausübung seiner Kunst zu. Verbürgt ist, daß der König, wie schon die Königin, einige Dramen Shakespeares außerordentlich schätzte.

Es existieren zahlreiche Anekdoten über einen lockeren Lebenswandel Shakespeares – mit den Damen, in Kneipen und Gesellschaften. 1602 notierte

Die Londoner Bankside 1647, rechts das Globe-Theatre

der Jurist John Manningham: »Als Burbage einmal Richard III. spielte, verliebte sich eine Bürgersfrau so sehr in ihn, daß sie vor Verlassen des Theaters mit ihm verabredete, er solle in der Nacht unter dem Namen Richard III. zu ihr kommen. Shakespeare, der die Vereinbarung mitangehört hatte, ging vorher hin und hatte seinen Spaß, bevor Burbage kam. Als gemeldet wurde, Richard III. sei an der Tür, ließ Shakespeare ausrichten, William der Eroberer sei Richard dem Dritten zuvorgekommen.« Ob diese Erzählungen der Wahrheit entsprechen, weiß man natürlich nicht, aber man darf wohl annehmen, daß Shakespeare die Vorzüge des urbanen Lebens nicht verachtete. Ab 1607 scheint er jedoch des Treibens zusehends müde zu werden und zieht sich immer häufiger nach Stratford zurück. Um 1610 überträgt er die Wahrnehmung seiner theatergeschäftlichen Interessen in London weitgehend anderen und besucht die Hauptstadt nur noch gelegentlich. In seinen letzten Lebensjahren wurde er wieder zum Bürger von Stratford und nahm den Dokumenten zufolge regen Anteil an kommunalen Angelegenheiten. Am 25. März 1616 verfaßte er in Gegenwart von Zeugen sein Testament, das ihn als vermögenden Mann ausweist. Shakespeare starb am 23. April 1616. Auf seinem Grabstein kann man heute noch die Verse lesen:

> Mein guter Freund, um Jesus willen steh zurück,
> zu graben in dem Staub, der hier verschlossen.
> Gesegnet sei der Mann, der diese Steine schont.
> Verflucht sei der, der mein Gebein berührt.
> (Übersetzung FA)

James I.

Ben Jonson

Sein Freund und Konkurrent Ben Jonson hat die differenzierteste Beurteilung des Menschen Shakespeare hinterlassen: »Ich liebte diesen Mann und ehre sein Andenken jenseits aller Vergötterung ebenso wie andere. Er war in der Tat ehrenhaft und eine offene und freimütige Natur. Er besaß unvergleichliche Phantasie, vortreffliche Ideen und edle Ausdrucksweise. Das alles fiel ihm so leicht, daß es manchmal nötig gewesen wäre, ihn zurückzuhalten. Sein Geist war ganz sein eigen, hätte er ihn nur entsprechend beherrscht (...) Aber an ihm war doch mehr zu bewundern als zu entschuldigen.«

Lebensdaten Erich Frieds

Erich Fried wurde am 6. Mai 1921 in Wien geboren und wuchs dort auf; sein Vater war Spediteur, seine Mutter Grafikerin. Er schrieb bereits als Gymnasiast, war Mitglied einer Kinderschauspieltruppe, bis der deutsche Einmarsch 1938 ihn »aus einem österreichischen Oberschüler in einen verfolgten Juden verwandelte«. Der Vater wurde von der Gestapo ermordet, Fried gelang es, nach London zu fliehen und in den folgenden Monaten auch seine Mutter und mehr als siebzig andere Personen ins englische Exil zu retten.

In den Kriegsjahren hielt sich Fried mit Gelegenheitsarbeiten über Wasser, als Bibliothekar, Milchchemiker, Fabrikarbeiter. Er schloß sich dem »Freien Deutschen Kulturbund« und »Young Austria« an, später auch dem »Kommunistischen Jugendverband«, den er aber wegen dessen Stalinisierung bereits 1944 wieder verließ. Im gleichen Jahr erschien sein erster Gedichtband, »Deutschland«, im Exilverlag des österreichischen PEN.

Nach dem Krieg wurde Fried Mitarbeiter bei zahlreichen neugegründeten Zeitschriften, in den frühen fünfziger Jahren festangestellter politischer Kommentator der deutschsprachigen Sendungen der BBC; 1968 gab er wegen der unveränderten Kalten-Kriegs-Position der BBC diese Tätigkeit auf. Schon vorher hatte er sich mit der Übersetzung von Dylan Thomas, dem ersten größeren Gedichtband (»Gedichte«, 1958) und seinem einzigen Roman (»Ein Soldat und ein Mädchen«, 1960) einen Namen gemacht, ab 1963 gehörte er der »Gruppe 47« an; in dieser Zeit entstanden auch die ersten Übersetzungen von Stücken Shakespeares. Eine Übersiedlung von London nach Österreich oder Deutschland wurde erwogen, wegen der Restauration der fünfziger und frühen sechziger Jahre aber immer wieder verworfen.

1966 erschien sein Gedichtband »und Vietnam und«, der eine langandauernde öffentliche Diskussion (auch mit Kollegen) über das politische Gedicht auslöste. In den folgenden Jahren war Fried viel unterwegs – auf Vortragsreisen, Diskussions- und Solidaritätsveranstaltungen –, nahm in vielen politischen Fragen Partei (Pressekonzentration, Unterdrückung des Prager Frühlings, Israel und die Palästinenser, Polizeiübergriffe, Haftbedingungen politischer Gefangener) und wurde in der Folge mit Verleumdungen, Zensur und gerichtlicher Klage überzogen. Er, der gegenüber dem politischen Gegner stets Liebenswürdige und Verständnisvolle, hatte schnell mehr Feinde, als er lieben konnte.

Erst 1977 erhielt Fried den ersten ansehnlichen Preis, den »Prix International des Editeurs«; das prämierte Buch, »100 Gedichte ohne Vaterland«, erschien im folgenden Jahr in sieben Sprachen (in den preisstiftenden Verlagen) und wurde das erste erfolgreiche Buch, übertroffen lediglich von dem 1979 erschienenen Band »Liebesgedichte«. 1986 veröffentlichte er, in der losen Form von 29 Prosastücken, seine Erinnerungen (»Mitunter sogar Lachen«).

Erich Fried, 1965

Der Ruhm und die großen Literaturpreise (Bremer Literaturpreis, Österreichischer Staatspreis, Georg-Büchner-Preis) erreichten Fried erst als über Sechzigjährigen und schon lange Schwerkranken.

Erich Fried starb am 22. November 1988 während einer Lesereise und wurde auf dem Kensal Green in London begraben.

Historische Anmerkungen zu den Stücken

Erich Fried ist es in seinen Übersetzungen vor allem darum gegangen, durch mehr Genauigkeit und Einfachheit die klassische Patina zu entfernen, die sich im deutschen Shakespeare oft über das Werk gelegt hatte, um dadurch den Zeitkern der Stücke freizulegen, daran zu erinnern, daß Shakespeare die Probleme seiner Zeit in einer für alle verständlichen Form auf der Bühne dargestellt hat. Dies ist überhaupt erst die Voraussetzung für eine aktualisierende Lektüre Shakespeares. Dieser Absicht entsprechend konzentrieren sich die folgenden knappen Erläuterungen zu allen in unserer Ausgabe enthaltenen Stücken vor allem auf den zeitlichen Hintergrund des jeweiligen Dramas, den eine Übersetzung im Gegensatz zu einer Aufführung nicht explizit machen kann.

Richard III.
Vollständiger Titel: »Die Tragödie Richards des Dritten, des Inhalts: Seine verräterischen Intrigen gegen seinen Bruder Clarence: der erbärmliche Mord an seinem unschuldigen Neffen: seine tyrannische Usurpation: nebst seinem ganzen schändlichen Lebenslauf und seinem wohlverdienten Tod«. Das Geschichtsdrama, mit dem Shakespeare sich seinen ersten Ruhm erwarb, entstand zwischen 1592 und 1593. Es behandelt Vorgänge aus den dreißig Jahre andauernden Rosenkriegen, der Auseinandersetzung der Häuser Lancaster und Yorck um die Vorherrschaft in England. Die im Drama behandelten Vorgänge spielten sich zwischen 1471 und 1485 ab. Dieses Jahr brachte mit Richards Niederlage in der Schlacht von Bosworth das Haus Tudor an die Macht, das durch Elisabeth I. zu Shakespeares Zeiten noch regierte. Die damaligen Vorgänge waren über ein Jahrhundert später insofern noch aktuell, als der englische Hochadel sich von der Ausblutung in den Rosenkriegen immer noch nicht erholt hatte. Vor dem Hintergrund der jüngeren religiösen Auseinandersetzungen und gelegentlichen Verschwörungen und Aufstände konnte das Stück als eine Warnung vor dem Bürgerkrieg verstanden werden und natürlich als eine Legitimation der Tudor-Dynastie und ihres Königtums, das den Anspruch erhob, von Gottes Gnaden und mit Zustimmung aller Bürger zugleich zu regieren. Die Quellen, die Shakespeare hauptsächlich benutzte, Edward Halls »The Union of the Two Noble Famelies of Lancastre und Yorke« von 1548 und Holinsheds »Chronicles« von 1587 waren in der Tat Schriften, die stark zur Propaganda für das Haus Tudor neigten. In der Gestaltung Richards bei Shakespeare läßt sich von daher sehr gut die Differenzierungskunst Shakespeares beobachten, indem er Richard mit zugleich bewundernswerten, mitleidheischenden und widerwärtigen Eigenschaften ausstattete. Eine Warnung davor, sich von Worten und äußerem Schein blenden zu lassen. Daß Richmond am Ende die Heilung der Wunden des Bürgerkriegs und den Frieden nur als Wunsch ausspricht, gibt den Zweifeln an dessen Dauerhaftigkeit Raum. Richmond wurde als Heinrich VII. der erste Tudorkönig.

Elisabeth I.

Richard III.

Titus Andronicus

»Die höchst beklagenswerte romanische Tragödie von Titus Andronicus« schrieb Shakespeare wahrscheinlich zwischen 1593 und 1594. Die Quelle ist nicht genau bekannt. Wahrscheinlich war sie ein Volksbuch mit dem Titel »The History of Titus Andronicus«, das aber nur noch in einer Version aus dem 18. Jahrhundert erhalten ist. Einzelheiten der Gestaltung des Titus entnahm Shakespeare wahrscheinlich Norths Plutarch-Übersetzung von 1579, die die Porträts der römischen Generäle Scipio Africanus und Coriolanus enthielt. Auch in diesem Stück geht es um die Legitimation von Herrschaft, darüber hinaus aber um die wechselseitige Bindung von Individuum und Gesellschaft in der Ordnung der Werte. Es ist eine tragische Analyse des Ehrgefühls. Übertriebenes Ehrgefühl, inflexible Rechtsstaatlichkeit und übersteigerte religiöse Bindung bringen das Unheil erst recht herbei. Aktuell zu Shakespeares Zeit auch die dramatische Behandlung der Absurdität des Racheprinzips. Wenngleich durch das römische Ambiente leicht verfremdet, ist hier Shakespeares zentrales Motiv der Sorge um den Bestand der Ordnung und die Geltung allgemeiner Werte gegenüber Partikularinteressen schon ganz entfaltet (vgl. den Beitrag von Peter Demetz).

Zwei Herren aus Verona

schrieb Shakespeare zwischen 1594 und 1595. Die Quelle für die Haupthandlung war der Schäferroman »Diana Enamorada« des Spaniers Jorge de Montemayor von 1559. Shakespeares Komödien sind immer Proben auf die Gültigkeit von Gefühlen, besonders der Liebe, und damit immer auch eine Kritik des idealistischen Liebesideals der mittelalterlichen Romance. Hier geht es zunächst um die Auslotung des Verhältnisses von Liebe und Freundschaft, ein Dauerthema der Renaissance, dessen Beliebtheit mit den Auflösungserscheinungen der Ständeordnung und der traditionellen Familienbindungen gerade im Prozeß der Verstädterung im 16. Jahrhundert zusammenhängt, einer Entwicklung, die die Verläßlichkeit von menschlichen Bindungen verstärkt in Frage stellte.

Verlorne Liebesmüh

»Eine vergnüglich erfundene Komödie genannt verlorene Liebesmüh« schrieb Shakespeare wahrscheinlich 1594. 1597 wurde das Stück vor Königin Elisabeth aufgeführt (der spätere Titel erwähnt das). Die Quelle für eine Grundidee des Stücks ist wahrscheinlich Pierre de la Primaudyes »L'Académie Francaise« von 1577, wo die Idee des Rückzugs vom Getriebe der Welt in den Elfenbeinturm des Wissens entwickelt wird. Dieses Buch war Henri III. gewidmet, dem Schwager Heinrich von Navarras, der für seine erotischen Abenteuer bekannt war. Die sprachliche Stilisierung und Raffinesse des Stücks und die zahlreichen Anspielungen zeigen, daß das Stück vornehmlich für höfische Kreise geschrieben ist, die gleichwohl darin verspottet werden. Im Stück geht es um nicht weniger als das Verhältnis von Geist und Natur, Natürlichkeit und Künstlichkeit, Literatur und Leben. Obwohl die Thematik hier in witzig-ironischer Form abgehandelt wird, ist sie sehr eng mit den Ängsten der Zeit verbunden. Die Auflösung der mittelalterlichen Ordnung, deren Sinn von Gott vorgeschrieben war, brachte auch die Einsicht, daß sich die Welt in lauter konkurrierende Interpretationen auflöst. Shakespeare bietet, wie häufig, keine eindeutige Lösung des dramatischen Problems. Wenn Biron die Augen der Damen zum eigentlich verbindlichen Text, zum Medium der Wahrheit des Natürlichen erklärt, so wird das Verhältnis von Geist und Natur nur als fortdauernder Widerspruch gedacht, den man aushalten muß, ohne vom einen Extrem ins andere zu fallen. Die kulturell verfeinerte Natürlichkeit der Frauen wird gegen höfische Affektiertheit, idealistische Verstiegenheit und spanisch-barocken Schwulst auch als Ideal der Sprache des Dichters formuliert.

Romeo und Julia

»Die hervorragend erfundene Tragödie von Romeo und Julia« schrieb Shakespeare zwischen 1594 und 1596. Hauptquelle war Arthur Brookes »Tragical Historeye of Romeus and Juliet« von 1562, ein Versepos, das Shakespeare schon für »Venus und Adonis« benutzt hatte. Der »Giulietta e Romeo«-Stoff stammt aus der italienischen Novellendichtung des 15. Jahrhunderts. Am ähnlichsten liegt er in der Version des Matteo Bandello im 16. Jahrhundert vor. Zentrum des Stücks

ist und bleibt natürlich die tragische Überhöhung und Verklärung der Liebe, aber diese wirft doch ihr Licht auch auf andere dargestellte gesellschaftliche Probleme der Zeit. Denn der Konflikt entsteht ja nicht durch die Liebe selbst, sondern durch die Verfeindung zweier vornehmer Bürgerhäuser, die gleichwohl innerhalb der Rechtsordnung unterprivilegiert sind. Auch hier wieder die Mahnung zum gesellschaftlichen Ausgleich. In den begleitenden, oft zotigen Dialogen und Wortspielen der jungen Männer gibt es auch bereits die Verknüpfung der Thematik von Geld, Sexualität und Liebe, die kulturkritisch gegen eine zunehmend materialistische Gesellschaft gerichtet wird. Abschließend in dem Dialog Romeos mit dem Apotheker, in dem das Geld bzw. Gold als »schlimmres Gift den Seelen« bezeichnet wird, das in dieser Welt mehr mordet als das normale Gift. Die Grabszene hat noch in den Schauerromanen des 18. Jahrhunderts weitergewirkt und war für die Romantiker schaurig-schöner Ausdruck einer unheimlicher und kälter werdenden Welt, der Nachtseite der Aufklärung.

Ein Sommernachtstraum

(Ein Mittsommernachtstraum) schrieb Shakespeare 1595 oder 1596. Für dieses Stück gibt es keine Hauptquelle. Einzelne Motive finden sich z. B. in Plutarchs »Leben des Theseus«, Chaucers »A Knight's Tale« und Ovids »Metamorphosen« (Pyramus und Thisbe). Puck und die ganze märchenhafte Ausstattung des Stücks kommen aber aus der irischen und englischen Folklore. Nicht nur stofflich, auch formal stützt sich die Komödie auf keinerlei bekannte Muster. Shakespeare konstruiert sich zum ersten Mal die ganze Form selbst. Aber auch hier entfaltet sich die Liebesthematik wieder in einem komplizierten Geflecht gesellschaftlicher und kulturkritischer Relationen. Die höfische Welt, die profane Welt der kleinen Handwerker und die Elfenwelt als geheimnisvolles Naturreich werden im Fest der Phantasie miteinander verschränkt. Komplexer als je zuvor baut Shakespeare hier eine Versuchsanordnung auf, die die Geltung von Werten und den Zusammenhalt menschlicher Ordnung auf die Probe stellt. Das Ausbrechen untergründiger, naturgesteuerter Leidenschaften spricht den Moralvereinbarungen, den Versprechungen und Verabredungen der menschlichen Gesellschaft insgesamt Hohn.

Auch hier wieder der Hintergrund der Ängste des elisabethanischen Menschen, der sich bei Anbruch der Neuzeit mit zunehmender Freiheit in seiner Willens- und Vernunftbegründung undurchsichtig und unergründlich wird und sich das vorerst nicht anders erklären kann, als daß er dem Walten unsichtbarer Mächte ausgesetzt ist. Diese werden im Stück komisch, aber nicht ohne Pessimismus, sichtbar gemacht. Im »Sommernachtstraum« wird besonders deutlich, wie bei Shakespeare die Komödie als eine Art öffentlicher Angstbewältigung konzipiert ist. Vor allem aber ist das Stück eine Feier der Kunst des Dramatikers, die allein das Widerstrebende noch zusammenhalten kann.

Der Kaufmann von Venedig

»Die sehr hervorragende Geschichte des Kaufmanns von Venedig« schrieb Shakespeare 1596 oder 1597. Hauptquellen sind die 195. Geschichte aus den »Gesta Romanorum«, einer Sammlung von Geschichten und Anekdoten aus dem römischen und mittelalterlichen Legendenschatz, und Giovanni Fiorentinos »Il Pecorone«, eine Novellensammlung nach dem Muster Boccaccios, die 1558 gedruckt wurde. Im Stück verschränken sich das Drama der Liebe, das der Ökonomie und des Rechts mit dem der Legitimation von Herrschaft. Hintergrund ist die Störung der eben erst restaurierten Ordnung durch den aufkommenden Puritanismus, der insbesondere den freien Künstler in seiner Existenz bedrohen mußte. Shylocks Figur wird mit Eigenschaften des Juden ausgestaltet, der zu der Zeit in anderen europäischen Ländern, nicht aber in England das Zinsgeschäft betrieb, ebenso aber mit denen des typischen Puritaners der Zeit. Weiterhin geht es um die boomartige Entwicklung des Handelsgeschäfts durch die Kolonialisierung und den technischen Fortschritt, die den »merchant adventurer«, den abenteuerlichen Kaufmann hervorbrachten. Dieser neuartige Typ des Handelsunternehmers erzielte in der Zeit spektakuläre Gewinne, allerdings gab es auch ebenso spektakuläre Pleiten. Eine Hauptrolle spielt das viel diskutierte Problem des Zinswuchers, das bei der Menge des benötigten Kapitals immer brisanter wurde. Das Zinsgeschäft, das nun häufig von Puritanern übernommen wurde, hinderte nicht nur das Bürgertum am Fortkommen, sondern bedrohte auch den verarmenden Adel, der seine Ausgaben für die Lebensführung den sich wandelnden Verhältnissen nicht so schnell anpassen konnte. Praktisch der gesamte Adel war verschuldet. Die vorkapitalistischen Zustände machten überdies das Geld undurchsichtiger, der Zusammenhang von Preis und Wert folgte immer stärker ökonomischen Zusammenhängen, die für den einzelnen nicht mehr durchschaubar waren. Das überkommene Recht hielt solchen Entwicklungen nicht mehr stand, und es kam immer häufiger zu Prozessen, zu denen es keine Präzedenzfälle gab. Die widersprüchlichen Interessenkämpfe der Zeit waren in den Augen Shakespeares und seiner adeligen und kunstsinnigen Freunde nur in der ästhetisch gefärbten Vorstellung eines gerechten, weisen und gnädigen Königtums aufzufangen, wie es Elisabeth zumindest eine Zeitlang repräsentierte. Ein solches Herrschaftsideal wird als über den Dingen stehendes und sie doch erkennendes Harmonie-Prinzip im letzten Akt utopisch-dramatisch entwickelt. »Der Kaufmann von Venedig« ist eines der Stücke, die die deutsche Tradition im Laufe der Zeit immer stärker auf die eigenen Probleme bezogen hat. In England war der Antisemitismus zu Zeiten Shakespeares und auch später kein beherrschendes Thema, und Shylock konnte ohne weiteres als komische und nicht – wie in Deutschland – als entweder tragisch-leidgeprüfte oder archaisch-blutrünstige Figur dargestellt werden. Neben der Puritanerproblematik ging es Shakespeare wohl viel eher um die in der Zeit viel diskutierte naturrechtliche Frage, ob der Mensch wohl ohne Rechtsordnung in die Phase des Wölfischen, den »Krieg aller gegen alle« zurückfallen würde.

Richard II.

»Die Tragödie von König Richard dem Zweiten« schrieb Shakespeare zwischen 1595 und 1597. Allerdings datiert der vollständige Text erst von 1608. Die Abdankungsszene war wahrscheinlich vorher politisch nicht opportun. Über die Chroniken hinaus (s. »Richard III.«) benutzte Shakespeare Samuel Daniels »The Civil Wars Between the Houses of Lancaster and York« von 1595. Während es in Richard III. eher um das Schicksal Englands ging, konzentriert sich dieses Stück viel stärker auf die Person und die Eigenschaften des Herrschers. So beschäftigt es sich wiederum vor dem Hintergrund der nachwirkenden Folgen der Rosenkriege mit einem zentralen Widerspruch im politischen Denken der Zeit: Der Monarch ist einerseits von Gott auf den Thron gehoben worden, andererseits muß er mit Zustimmung des ganzen Volkes regieren. Obwohl seine Legitimität damit von seinem Verhalten abhängt, sollte er nicht durch Gewalt ersetzt werden. So standen einander gegenüber die Überzeugung von der Notwendigkeit der Unterwerfung unter die Autorität zur Verhinderung einer allgemeinen Auflösung der Ordnung (Samuel Daniel) und die Lehre von den bösen Folgen eines ungerechten Regimes (Michael Drayton). Daraus erklärt sich vielleicht die Widersprüchlichkeit der Figur Richards. Schon im »Kaufmann« hatte Shakespeare in Portia eine vorbildliche Herrscherin dargestellt, die einerseits entschlossen handelt, notfalls über das unvollkommene Recht hinweg, andererseits aber unerträgliche und staatsgefährdende Konfliktsituationen auf dem Wege der Gnade ausgleicht. Ganz ähnlich erscheint Bolingbroke, als er sich am Ende des Dramas einer analogen Situation konfrontiert sieht, wie sie Richard vorher nicht bestanden hatte. Bolingbroke erscheint als nach machiavellistischen Grundsätzen handelnd, etwa wenn er den Gegner entschlossen so schädigt, daß Rache nicht mehr zu erwarten ist. Umgekehrt erscheint Richard vor seinem Ende dem Zuschauer wieder sympathisch – ein weiteres Beispiel für das Dialogprinzip Shakespeares auch über das Drama hinaus: die geschichtsphilosophische Problematik bleibt offen und diskutabel, endet nicht mit einer schematischen Lehre, läßt Stoff für Diskussionen beim anschließenden Glas Ale in der Taverne.

Heinrich IV.

Den ersten Teil des Stücks, »Die Geschichte Heinrichs des Vierten; mit der Schlacht von Shrewsburie zwischen dem König und Lord Henry Percy; genannt

Heinrich Heißsporn aus dem Norden. Mit den humorvollen Einfällen Sir John Falstaffs«, schrieb Shakespeare wahrscheinlich 1597. Vorlagen waren wiederum die Chroniken von Holinshed und Hall (wie zu »Richard III.« und »Richard II.«). An letzteres Stück schließt dieses direkt an. Die geschichtliche Epoche, die das Stück behandelt, ist vergleichsweise kurz, dauert nur von 1402 bis 1403. Wie sich im vorhergehenden Drama schon andeutete, wird Heinrich der Vierte hier zunächst als idealer Herrscher dargestellt, und der zeitgenössische Zuschauer sollte wohl gewisse Parallelen zum Regiment Elisabeths sehen. Dennoch wird wiederum auch die Gefährdung des Königtums gezeigt, vor allem aber, daß das Leben eines Herrschers nicht eben leicht ist, was Elisabeth gern betonte. In Percy mochte der Zuschauer etwas vom Earl of Essex erkennen, der dem weiteren Freundeskreis Shakespeares angehörte. Er war tatsächlich ein Heißsporn, den alten ritterlichen Idealen verpflichtet, ein tapferer, aber oft unbesonnener Kämpfer und ein Lebemann. Lange Zeit ein verwöhnter Günstling Elisabeths, erregte er just zu der Zeit, als Shakespeare das Drama schrieb, immer häufiger Mißtrauen und Zorn der Königin. Später zettelte er dann tatsächlich eine Verschwörung gegen sie an, die jedoch kläglich scheiterte. Er wurde 1601 hingerichtet. Zwar gab das Stück dem wachsenden Nationalismus ebenso Nahrung wie der zunehmenden (durch zumindest teilweise Arbeitslosigkeit großer Bevölkerungsgruppen allerdings auch erzwungenen) Vergnügungssucht, dennoch war es in der Personenkonstellation nicht ganz ohne Brisanz, denn dem Prinzen von Wales, dem Thronfolger (den es nicht gab, weil Elisabeth nicht heiratete) gilt eindeutig die Sympathielenkung im Drama.

Der Schauspieler Ludwig Devrient in der Rolle des Falstaff, 1828

»Der zweite Teil Heinrichs des Vierten. Fährt fort bis zu seinem Tod und zur Krönung Heinrichs des Fünften. Mit den Scherzen von Sir John Falstaff und dem angeberischen Pistol«. Den geschichtlichen Hintergrund bilden wiederum die Gefährdungen der Ordnung durch Aufstände und die Angst vor einem erneuten Erwachen von Partikularinteressen. Es ist aber ein Kommentar zur geschichtlichen Situation, daß dieser Handlungsstrang im zweiten Teil noch mehr von komischen und burlesken Szenen überwogen wird. Mit Falstaff hatte Shakespeare eine Erfolgsfigur geschaffen, die er später wieder aufleben lassen mußte. Ein Anflug von Hofkritik liegt darin, daß Shakespeare in der Figur Heinrichs des Fünften einen lebens- und volksnahen Herrscher portraitiert. Dies wird aber im Zusammenhang mit der Figur Falstaffs entwickelt, die den vielleicht humansten Charakter in Shakespeares Welt darstellt und wohl eben deshalb die auf Stilisierung fixierten Klassizisten später so erbost hat. Daß sich Henry, als er König wird, von Falstaff distanziert, ist eine Erwartungstäuschung für den Zuschauer und ein Hinweis auf die unvermindert gültige Diskrepanz zwischen den Ansprüchen des Individuums und den Notwendigkeiten des Staates.

Viel Getu um Nichts
schrieb Shakespeare wahrscheinlich 1598. Größere Teile des Stoffes sind wiederum den Novellen des Bandello entnommen (s. »Romeo und Julia«). Hintergrund ist hier wie in praktisch allen Komödien das in der Renaissance immer wieder diskutierte Verhältnis von Schein und Sein, Wahrheit und Täuschung, das in einer Reihe von kunstvoll bis künstlich entwickelten Intrigen entfaltet wird. Die heitere und künstliche höfische Welt von Messina wird aber in den Szenen um Claudio und Hero einerseits mit ernsthafteren Seiten des Themas konfrontiert, in den Szenen mit Dogberry und Veges dagegen lugt ein Stück komisch verzerrter englischer Alltag in das Stück hinein, was gleichzeitig das Nachdenken der Renaissance über Sprache und Interpretation thematisiert. Auf heitere Weise fragt der Dramatiker, ob sich denn der andere unter den Worten das gleiche vorstellt wie der eine. Wie immer, wenn Shakespeare gesellschaftliche Prozesse darstellt, kommt die Aufdeckung nicht auf direktem Wege zustande, sondern als eine Folge von Auseinandersetzungen, in der auch der Zufall gehörig wirkt. Zuletzt aber ist die Wahrheit in einem höheren Bereich aufgehoben, im Wirken der Gnade und Fortunas, der in der Vorstellungswelt der Renaissance vielleicht wichtigsten Allegorie.

Wie es euch gefällt
schrieb Shakespeare wahrscheinlich 1599. Hauptquelle war die Prosa-Romance »Rosalynde« von Thomas Lodge, erschienen 1590. Diese wiederum griff auf ein mittelalterliches Gedicht, »The Tale of Gamelyn«, zurück, dessen Autor nicht identifiziert werden konnte. Auch in dieser Komödie wird um die Liebesthematik herum die Probe auf menschliche Eigenschaften gemacht, hier aber vor dem Hintergrund des Gegensatzes von Natur und Zivilisation. Der Hof ist die Sphäre der Täuschung und der Künstlichkeit, Kampfplatz der Interessen und Tummelplatz niedriger Leidenschaften. In der zivilisationsentrückten Sphäre des Ardennerwaldes dagegen verschwinden alle zerstörerischen Kräfte. Insbesondere durch die Figur des Jacques wird deutlich, daß Natur hier nicht als ursprüngliche beschworen wird, sondern im Lichte der Melancholie als Fluchtraum vor dem Gesellschaftlichen erscheint. Robert Burtons riesenhaftes Kompendium »Die Anatomie der Melancholie« von 1621 hatte auf viele Schriften Bezug genommen, die zu Shakespeares Zeit über das Thema erschienen waren. Burton hatte die Melancholie nicht als individuelles Leiden gedeutet, sondern als notwendige Konsequenz aus gesellschaftlichen Entwicklungen in einer immer sinnentleerteren Welt. Schon bei Shakespeare ist Melancholie die Geistesverfassung des Wissenden, eine »Metapher des Mißvergnügens am Staat« (Wolf Lepenies), die jedoch mit einer utopi-

schen Staatshoffnung, dem Traum von einer harmonischen Menschengemeinschaft untrennbar verknüpft ist. Daß diese im Drama nur in einer überhöht dargestellten Natur verwirklicht werden kann, zeigt das Unbehagen im sich formierenden modernen Staat.

Heinrich V.
»Die chronologische Geschichte von Heinrich dem Fünften, mit seiner Schlacht, die er bei Agincourt in Frankreich ausfocht«, schrieb Shakespeare wahrscheinlich 1598 oder 1599. Quellen sind wiederum die Chroniken von Holinshed und Hall (Vergl. die Richard- und anderen Heinrich-Dramen). Mit diesem Stück hat Shakespeare eine Art nationales oder fast schon nationalistisches Heldendrama geschaffen, das von den Zuschauern auch entsprechend gefeiert wurde. In der Schilderung der Schlacht werden arrogante und dumme Franzosen gegen klug und überlegen handelnde Engländer gestellt. Shakespeares Toleranz gilt manchmal nur in den Grenzen Englands. Heinrich der Fünfte ist offensichtlich Shakespeares Ideal eines Herrschers. Der historische Henry hatte in der Tat seine Verdienste. Nach seiner Inthronisierung 1413 betrieb er zunächst eine Politik der inneren Befriedung und des Ausgleichs, schlug aber neuerliche Ausbrüche von Regional- und Partikularinteressen entschlossen und unbarmherzig nieder. Wegen seiner Erfolge gegen die Franzosen, insbesondere in der Schlacht bei Agincourt 1415, seines persönlichen Mutes im Kampf und seines überzeugenden Auftretens hatten ihn bereits die Historiker als Inbegriff des ritterlichen Königs nach dem Muster Arthurs gepriesen. Shakespeare gibt ihm zusätzlich heitere, unbeschwerte und volkstümliche Züge. Die Verbindung Heinrichs mit Katharina von Frankreich wird allerdings nicht ohne Ironie präsentiert. Kein Wunder: Aus der Ehe ging der schwache und unfähige Heinrich der Sechste hervor, der England abermals in die Krise regierte. Ein kleiner Hinweis im Chor des 5. Akts deutet einmal wieder auf den beim Volk beliebten ritterlichen Helden, den Earl of Essex, den Elisabeth 1598 mit einer Mission in Irland betraut hatte, bei der er sich allerdings wiederum als eigenmächtig und unzuverlässig erwies. An seiner Beliebtheit beim Volk und wohl auch bei Shakespeare änderte das freilich gar nichts.

Julius Cäsar
»Die Tragödie Julius Cäsars« schrieb Shakespeare 1599. Hauptquelle ist die Plutarch-Übersetzung von Thomas North, die 1579 erschienen war. Es ist Shakespeares erste Dramatisierung römischer Geschichte und Höhepunkt seiner dialektischen dramatischen Technik in der Abhandlung öffentlicher Probleme. Natürlich war die Thematik nicht ohne Brisanz angesichts der politischen Situation der Zeit. Elisabeths Machtfülle war enorm gewachsen; nach dem Tod ihres Beraters Lord Burghley 1598 entschied sie immer häufiger, ohne den Hochadel zu konsultieren, und so munkelte man immer wieder von Verschwörung. Wie beim Cäsar im Stück wurde über Elisabeths körperliche Gebrechen geredet, Essex bezeichnete sie als schief und krumm. Dennoch genoß sie im Volk unvermindert großes Ansehen. Aber auch der Earl, der 1602 gegen Elisabeth putschen sollte,

dem sie allerdings zu dieser Zeit schon nicht mehr ganz vertraute, war überaus populär. So gestaltet Shakespeare zunächst die Sorge um die Freiheit des Staatswesens angesichts eines zu mächtigen Herrschers, der sich allerdings schon von dunklen Vorzeichen bedroht sieht. Andererseits aber hütet sich der Dramatiker vor einer eindeutigen Gestaltung. Die Sympathielenkung geht abwechselnd auf Cäsar und Brutus, nicht einmal Antonius wird als frei von Machtgelüsten und Zynismus dargestellt. Der Verschwörer wird zwar am Ende gefeiert, aber erst als er tot ist. Die Folgen seiner Verschwörung, Aufruhr und Gewaltakte, lassen die Tat politisch nicht gerechtfertigt erscheinen. Jenseits des Politischen wird dem Zuschauer der Mord an Cäsar als skandalöser Vertrauensbruch vorgestellt. Glänzendstes und differenziertestes Beispiel für Shakespeares antiideologische dramatische Beweisführung, die Widersprüche nicht gewaltsam auflöst, sondern als offene und diskutable Prinzipien zeigt, mit der einzigen Maxime, daß das Recht des Menschen Vorrang vor allen ideologischen, ja moralischen Prinzipien haben sollte.

Die lustigen Weiber von Windsor
»Die höchst vergnügliche und hervorragend erfundene Komödie von Sir John Falstaff und den lustigen Weibern von Windsor« schrieb Shakespeare wahrscheinlich 1600. Für dieses Stück gibt es keine bekannte Quelle, und es ist das einzige, das vollkommen im englischen Milieu der Zeit spielt. Das deutet darauf hin, daß Shakespeare bei dieser Klamotte nicht fürchten mußte, daß das Stück irgendwie politisch anstößig wirken könnte. Der einzige identifizierbare historische Hintergrund war das seinerzeit als aufdringlich empfundene Bemühen des Herzogs Friedrich von Württemberg, in den Hosenbandorden aufgenommen zu werden, was 1597 auch geschah. Shakespeare nimmt das zum Anlaß, sich über die Deutschen lustig zu machen, die ja keineswegs als »ehrliche Leute« dargestellt werden. Im übrigen aber ist das Stück fast eine reine Farce, wenn man nicht die zentrale Stellung des bürgerlichen Milieus als Hinweis auf die gestiegene Bedeutung des Bürgertums lesen will, die Figur Falstaffs als den heruntergekommenen verschuldeten Ritter, der zum Opportunisten und Zyniker geworden ist und dessen Aufrechterhaltung der alten Ideale den Bürger nur zum Lachen reizen kann.

Zwölfte Nacht oder Was ihr wollt
schrieb Shakespeare zwischen 1600 und 1602. Hauptquelle war Barnaby Richs »History of Apolonius and Silla« von 1581; was jedoch die dramatische Ausgestaltung betrifft, borgt Shakespeare hier vor allem von sich selbst. So gibt es Figuren- und Motivähnlichkeiten mit »Wie es euch gefällt«, »Viel Getu um nichts«, »Der Kaufmann von Venedig« und »Zwei Herren aus Verona« (vergl. die entsprechenden Artikel). In dieser Komödie wird besonders klar, warum die Romantiker Shakespeare als Analytiker der Seele und des Verhältnisses zwischen Ich und Welt feiern und ihn für die eigene Poesiekonzeption in Anspruch nehmen konnten. Coleridges Theorie der Einbildungskraft, von der aus er »das Gleichgewicht zwischen der wirklichen und der erträumten Welt« bei Shakespeare darstellte,

erklärte dann auch Shakespeares Werk zur romantischen Dichtung. Damit wird allerdings der Bezug auf die Wirklichkeit der Bühne und den Horizont des Publikums, an denen Shakespeare sich ausrichten mußte, um Erfolg zu haben, in den Hintergrund gedrängt. Auch Schlegels Übersetzung verdeckt immer wieder den zeitlichen Hintergrund, etwa wenn aus dem Puritaner Malvolio ein Pietist wird. Im Spiel um Täuschung und Selbsttäuschung geht es nämlich durchaus auch um Probleme der Zeit, und zwar auch um ernsthafte, wie sich an den Liedern des Narren und den Figuren der Viola und des Malvolio zeigt. Gegen den Puritanismus und Materialismus mit ihrer verschleiernden Ideologie wird mit der Notwendigkeit der Liebe immer zugleich die Notwendigkeit der Kunst geltend gemacht. Die Zweiteilung in eine seinsollende Welt und eine, die bloß ist, ist unübersehbar. Diese Legitimation der Kunst aber war für Shakespeare dringende Notwendigkeit geworden, denn er hatte sein Kapital ins Theater investiert und mußte um die Jahrhundertwende erleben, wie sich die Angriffe der Kirche und der Behörden auf das Theater verstärkten. Shakespeares Pessimismus inmitten einer Zeit wirtschaftlicher Blüte und eines nationalen Hochs dürfte auch diese Komponente haben, wenngleich erstaunlich bleibt, wie beharrlich sich der Dramatiker weigert, das Theater der Verklärung der Wirklichkeit zur Verfügung zu stellen. Die überschäumende Lustigkeit des Stücks wird durch diesen Hintergrund des Pessimismus überhaupt erst scharf. Am Ende sagt Malvolio, der Puritaner: »Ich räch mich noch an Eurem ganzen Pack!« Es sollte gar nicht lange dauern: 1641 wurden die Theater geschlossen, 1649 ließ Cromwell den König hinrichten.

Hamlet

»Die Tragödie Hamlets, des Prinzen von Dänemark« schrieb Shakespeare 1601 oder 1602. Der Stoff reicht tief ins Mittelalter zurück. Die erste literarische Version findet sich im 12. Jahrhundert in den »Historia Danica« des dänischen Autors Saxo Grammaticus. Die unmittelbare Quelle für Shakespeare scheinen aber Francois de Belleforests »Histoires Tragiques« von 1582 zu sein. Die Überzahl an Deutungen, die das Stück gerade in Deutschland erfahren hat, mitsamt ihren willkürlichen Anverwandlungen und Übersetzungsfehlern bis ins einzelne (Hamlet war zum Beispiel nicht »fett«, sondern schwitzte in einer Situation) macht dem Leser die einfachere und zeitbezogenere Lektüre, die Fried sich für seine Übersetzungen vorgestellt hat, schwer. Er kann sich aber das Stück hier neu erschließen. Zunächst einmal ist Hamlet, dem Wortlaut des Stücks folgend, nicht der weltfremde Träumer, zu dem die Romantiker ihn machten, sondern die Variation einer Figur, wie sie uns von Shakespeare immer wieder mit Sympathie dargestellt wird: gebildet, vornehm, mutig, gelehrt und staatsmännisch begabt, ein Freund des Theaters mit Qualitäten eines Regisseurs; aber bei all dem melancholisch, wie es die Renaissance dem herausgehobenen, wissenden Menschen immer wieder andichtete. Er allein ist es, der die Lage der Dinge durchschaut und sich durch klares Bewußtsein und kritische Distanz zu seiner Umwelt auszeichnet. Hamlet ist die differenzierteste Gestaltung des skeptischen Menschen an der Schwelle zur Neuzeit, der erkennt, daß sich der Gang der Dinge nicht mit naivem Willen beeinflussen läßt, daß sich die Widersprüche nicht mit einem Schlage aus der Welt schaffen lassen, wie Fortinbras, der idealistische Schlagetot, wohl denken mag. In den Bildern der Unordnung und des Bruchs, einer aus den Fugen gehenden Zeit erkennt man, durch Hamlet, große Veränderungen in der Stellung des Menschen im Kosmos, die zu Recht Furcht einflößen, die aber durch Beharren auf der Reinheit von Ideen nicht aufzuhalten sind. Denn das war ja gerade die Erfahrung der englischen Geschichte gewesen, daß sich die reine Idee nicht verwirklichen ließ, ja daß das Streben danach zu um so größerem Unheil geführt hatte: Kern aller Tragik bei Shakespeare. Zwar hatte auch das Mittelalter den Gedanken der Unvereinbarkeit von Ideen- und Erscheinungswelt gekannt, diese war aber bei Gott und in der Harmonie des Kosmos aufgehoben. Erst im Zeitalter des politischen Realismus und der zweckrationalen Auseinandersetzung mit der Wirklichkeit konnte der seelische Konflikt entdeckt werden, wie er in der Figur Hamlets in unübertroffener Differenzierung verkörpert ist. Sein tragisches Ende bezeichnet diese Unvereinbarkeiten, aber es ist zugleich eine Aufforderung, nicht nach Maximen und Prinzipien zu handeln, sondern Widersprüche kritisch, wach und bewußt auszuhalten, die Trauer ums Verlorene und Versagte weder in Weltentfernung noch in gewalttätigen Aktionismus umschlagen zu lassen (»bereit sein ist alles«). Shakespeare, so scheint es besonders am Beispiel Hamlets, hatte weit vor der Entstehung der bürgerlichen Geschichtsphilosophie begriffen, daß es unbedingt geltende Erkenntnisse, absolute Werte und unabdingbar geltendes Recht nicht geben kann, sondern daß Sinn nur in Prozeßkategorien gedacht werden kann, als fortgesetzter wandelschaffender Widerspruch. Eine beschränkt tröstliche Einsicht und nicht wenig kompliziert. Die Länge und Kompliziertheit des Stückes trägt dem Rechnung, und es mag einen heutigen Leser erstaunen, daß die zeitgenössischen Zuschauer dieses Stück, die niederen Schichten sogar stehend, immer wieder mit Spannung verfolgten. Fern ihrer eigenen Probleme kann es ihnen nicht erschienen sein.

Troilus und Cressida

»Die Tragödie von Troilus und Cressida« läßt sich schwer datieren, da sich die erste Aufführung nicht ermitteln ließ. 1601 oder 1602 sind mögliche Daten. Die Quellen sind relativ zahlreich, Chaucers »Troilus und Criseyde« aus dem 14. Jahrhundert und George Chapmans Übertragung von Homers »Ilias« von 1598 befinden sich darunter. Allerdings erscheinen mehr Details der »Ilias«, als Chapmans Übersetzung enthielt. Das Stück weicht von konventioneller tragischer Gestaltung vollkommen ab, und man zögert, ob man es eine Tragödie nennen soll. Groteske und parodistische Elemente überwiegen häufig die tragischen. Das Drama zeigt keinerlei Respekt vor der erhabenen Vorlage, die ja schon den Hintergrund der griechischen Tragödie bildete. Vielmehr wird das antike Pathos in einem Bilderbogen unnachsichtig demontiert. Die schönen Reden der Helden verdecken nur die allgemeine Korrumpierung sämtlicher Ideale, der Anlaß für den ganzen Krieg ebenso wie die Motivationen der einzelnen »Helden« entpuppen sich als eitel, lächerlich, nichtig und niederträchtig. Ajax ist ein Angeber, Hektor ein Dummkopf und Achilles ein heimtückischer Liederling ohne jede Moral; Troilus' Liebe gilt einer raffinierten Hure. So endet er nicht tragisch, sondern geht schimpfend von der Bühne ab. Das letzte Wort bleibt bezeichnenderweise dem Kuppler, der sich – Höhepunkt des Sarkasmus im Stück – larmoyant über eine Welt beklagt, die von seinen Diensten profitiert, ihn aber dafür verachtet. Vielleicht Shakespeares bösestes Stück. Der zeitgenössische Zuschauer konnte in den Trojanern jene Vertreter der ritterlichen Tugenden erkennen, die nun nicht mehr zeitgemäß waren, in den Griechen aber die Modernen als Machiavellisten im schlechten Sinne, die Werte nur beschwören, um ihre Interessen, ihre Gier nach ökonomischer und politischer Macht zu bemänteln. Unter ihnen ragt lediglich der nach wie vor listige Odysseus als Prototyp des reifen, vernünftigen und humanen Menschen heraus.

Othello

»Die Tragödie Othellos, des Mohrs von Venedig« schrieb Shakespeare wahrscheinlich 1602. Hauptquelle des Stücks ist Giraldi Cinthios Novellensammlung »Gli Hecatommithi« von 1565. Geschichtlicher Hintergrund ist unter anderem, daß Zypern 1573 nach längerer venezianischer Herrschaft den Türken in die Hände gefallen war, das venezianische Regiment also an der Wende zum 17. Jahrhundert schon Geschichte war. Im klassischen Verständnis ist »Othello« das Drama der Eifersucht, aber um dieses zeitlose Gefühl geht es gar nicht primär. Vielmehr stehen sich mit Othello und Jago im Vordergrund wieder Vertreter der alten und der modernen Welthaltung entgegen. Othello ist auch als Machtträger ein naiver, an ritterlichen Idealen orientierter Mensch, der die Kluft zwischen Schein und Sein nicht erfahren hat; ein besonders interessanter Aspekt, weil Shakespeare diesen Typus in die Exotik verlagert, nicht nur durch den Ort der Handlung, sondern vor allem, indem Othello als edler Wilder erscheint, durch Zivilisation kaum angekränkelt. Jago dagegen hat die Motive und Antriebe der materialistisch gewordenen Welt verstanden, in seinen doppeldeutigen Reden weiß er sich dieser Einsichten in Steuerungsmechanismen zu bedienen, um sich im Interessen- und Konkurrenzkampf durchzusetzen. Wenn Othello am Ende tragisch-vergeblich versucht, die Ordnung des Ideals wiederherzustellen, indem er tötet, was er liebt, so kommt er für kurze Zeit zur Einsicht in den wahren Stand der Dinge. Zum ersten Mal in Shakespeares Dramen erscheinen hier Kolonialprobleme. Othello vergleicht sich am Ende mit einem dummen Inder, der die Perle wegwirft, die den Europäern so viel bedeutet. In dem Augenblick, wo die neuen Vorstellungen von Kalkül, Preis und Wert begriffen werden, ist das Glück des unreflektierten, des Naturzustands endgültig dahin. Im »Sturm« rückt diese Problematik noch stärker in den Vordergrund (vgl. den Artikel).

Maß für Maß

schrieb Shakespeare 1603 oder 1604. Hauptquelle ist George Whetstones »Promos und Cassandra« von 1578, das selbst auf eine Novelle von Cinthio (vgl. »Othello«) zurückgeht. 1603 bestieg Jakob der Erste den Thron, und das löste noch einmal eine Diskussion über die Qualitäten eines guten Herrschers aus. Dies vor dem Hintergrund wachsenden Drängens der Puritaner nach mehr Einfluß. Jakob galt – wie der Herzog im Stück und mehr noch als Elisabeth – als gebildet und weise und erwählte sich den König Salomo zum Vorbild. »Maß für Maß« kann man vor diesem Hintergrund als eine Art Versuchsanordnung begreifen, in der deutlich werden soll, was passieren würde, wenn die Puritaner an die Macht kämen. Wie Angelo im Stück hatten die Puritaner gerade wieder einmal die Schließung von Bordellen, Kneipen und Theatern gefordert, was natürlich Shakespeare erbittern mußte. So läuft das Stück folgerichtig auf eine Demaskierung des bigotten Puritaners hinaus, der mit frommen Worten nur seine Machtgier und Lüsternheit verbirgt. Aber auch der Adel kommt in dem Stück nicht gut weg. Ein Stück weit folgt der Dramatiker den puritanischen Ansichten, wenn er die Adeligen als großsprecherisch, verschwenderisch und von Geschlechtskrankheiten infiziert darstellt. Dank des Herzogs überlegener und listiger Regierungskunst, die, wie bei allen Tüchtigen, von Fortuna unterstützt wird, werden am Ende beide rivalisierenden Klassen in ihrem Elan gebremst, insbesondere die Puritaner exemplarisch geschwächt, womit die notwendige Balance in den Interessenkonflikten wiederhergestellt ist. Leitendes Motiv dieses weisen Handelns ist eine Maxime aus der Bergpredigt, die dem Stück auch den Namen gab: »Richtet nicht, auf daß ihr nicht gerichtet werdet. Denn mit welcherlei Gerichte ihr richtet, werdet ihr gerichtet werden. Und mit welcherlei Maß ihr messet, wird euch gemessen werden.« (Matth. 7)

König Lear

»Die wahre chronologische Geschichte von Leben und Tod König Lears und seiner drei Töchter. Mit dem unglücklichen Leben des Edgar, dem Sohn und Erben des Earl of Gloster, und seiner vorgeblichen finsteren Stimmung als Tom Bedlam«, schrieb Shakespeare 1604 oder 1605. Hauptquelle für den Handlungskern war Geoffrey of Monmouth' »Historia Regum Britaniae« aus dem 12. Jahrhundert, jedoch ist die Geschichte vom Vater, der seine Töchter auf die Probe stellt und diejenige bestraft, die ihn am meisten liebt, im mittelalterlichen Märchen- und Sagenschatz sehr verbreitet. Auch in Holinsheds Chronik (vergl. die früheren Königsdramen) gibt es eine Version davon, die die Geschichte mit der Realität des englischen Königtums verwebt. Quelle für die Nebenhandlung um Gloster ist Sidneys »Arcadia« von 1590. Der Skeptizismus des Stücks ist sehr stark von Montaigne bestimmt, der seit der Übersetzung von Martin Florio (1603) Shakespeares Denken immer konkreter beeinflußte. Mit unvergleichlicher Intensität beschwört das tief pessimistische Stück den Zweifel an der Gültigkeit der Ordnung und an der zivilisierten Natur des Menschen. Nur wenige Vorfälle genügen, um die Fassade einer stabilen und gerechten Ordnung in Trümmer zu legen. Dahinter tut sich eine Welt irrationaler Grausamkeit ohne Maß auf, in der die Guten wie die Bösen unterschiedslos zugrunde gehen. Die Zivilisation hat das mythische Grauen vor einem Kosmos, in dem die Götter die Menschen als Sport töten, bzw. sich gegenseitig umbringen lassen, nur übertüncht, diese Wildheit kann jederzeit wieder ausbrechen. Die Geschichte hat gezeigt, daß das wahr ist; so mag das Stück den heutigen Zuschauer mehr berühren als den zeitgenössischen, der es nach allen vorliegenden Quellen ablehnte. Die meisten Menschen des heraufziehenden Zeitalters der gesellschaftlichen Planung waren überzeugt, das Stadium der Wildheit endgültig hinter sich gelassen zu haben, Shakespeare nicht. Dennoch läßt das Stück mit dem Thema der Reife, die sich über Glück wie Unglück, Leiden und Freude hinweg zu entwickeln vermag, Raum für eine, wenngleich minimale, Utopie, die sich aber wiederum nur als Prozeß begreifen läßt. (Vergl. »Hamlet«)

Timon von Athen
»Das Leben Timons von Athen« entstand zwischen 1605 und 1608. Quelle war wiederum Norths Übersetzung des Plutarch (vgl. die anderen Antiken-Dramen), insbesondere »Life of Marcus Antonius« und »Life of Alcibiades«. »Timon« paßt nicht recht in die überkommenen Einteilungen, es ist weder eine Tragödie noch eine Komödie, eher ein zynisch-satirisches Problemstück über die Dekadenz der Mächtigen ebenso wie über die Wandelbarkeit der Freundschaft in einer Zeit der Umwälzungen. Beispiele dafür fand Shakespeare in der Umgebung seiner adeligen Freunde zuhauf. Berühmt geworden ist, auf welch schäbige Weise sich der Advokat und Philosoph des neuzeitlichen Bewußtseins Francis Bacon auf die andere Seite schlug, als sein Gönner, der Earl of Essex, in Schulden und auch sonst in Schwierigkeiten geriet. Ähnliches erlebte der Earl of Southhampton, einer der frühen Gönner Shakespeares. Das Umschlagen von Timons Haltung in Menschenfeindschaft wird im Stück als zwar verständlich, gleichzeitig aber als lächerlich und folgenlos dargestellt. Timon gerät daher auch nicht in einen tragisch zu nennenden Konflikt, die eine wie die andere Haltung erscheint als gesellschaftlich irrelevant. Die Gestaltung der Timon-Handlung weist selbst Züge der Menschenfeindlichkeit und des Pessimismus auf. Nur in der Figur des Alkibiades wird, analog zur Odysseus-Figur (vgl. »Troilus und Cressida«), die Notwendigkeit des Ausgleichs und der praktischen Vernunft thematisiert. Die Negation der Wirklichkeit in ihrem Sosein ist keine Lösung; wenn etwas besser gemacht werden soll, so muß es innerhalb der erfahrbaren Wirklichkeit geschehen. Wieder ein Beispiel für Shakespeares skeptisch-realistische Weltsicht der Spätzeit, nicht frei von Zynismus, aber doch human, wenn am Ende Alkibiades die Menschenfeindschaft Timons in Haß auf das menschliche Leiden umdeutet (vgl. den Schluß von Erich Frieds Ausführungen zu »Timon von Athen«).

Perikles
»Das neue und viel bewunderte Spiel, genannt: Perikles. Prinz von Tyrus. Mit dem wahren Bericht von der ganzen Geschichte, den Abenteuern und Schicksalen des besagten Prinzen. Ebenso die nicht weniger merkwürdigen und lohnenden Ereignisse bei der Geburt und im Leben seiner Tochter Mariana« schrieb Shakespeare 1607 oder 1608. Hauptquelle ist die Geschichte von Apollonius von Tyrus in John Gowers »Confessio Amantis« von 1343. Die abenteuerlich-märchenhaft verschlungene Handlung folgt dem Muster des im Mittelalter sehr beliebten Alexanderromans, der mit immer aufs Neue variierten allegorischen Herrscher-

schicksalen aufwartete. Der Held war in dieser Tradition der Erfüller des göttlichen Heilsplans oder der vermessene Eroberer, der ritterliche Haudegen oder der philosophische Feldherr, ging an Hybris oder an Vanitas zugrunde, niemals aber erreichte er die Pforten des Paradieses. Shakespeare gestaltet dieses Muster um zum dramatischen Bilderbogen von der Reife des Menschen und den wunderbaren Wegen Fortunas, die den Standhaften und Standhaltenden zuletzt belohnt. An diesem Stück läßt sich besonders gut ablesen, wie sehr Shakespeare sich noch auf der Schwelle zur Neuzeit bewegte. So verbindet er ältere kosmische Ordnungsvorstellungen mit zweckhafteren neueren Denkmustern. Perikles erleidet und erduldet seine Schicksale, ohne sich schuldig gemacht zu haben; er ist der Spielball ungreifbarer Mächte. Die Beherrschung des Kosmos, ja nur die Kontrolle über den eigenen Lebenslauf ist eine Illusion. Und doch erscheint Perikles als Wissender, wie Ödipus konnte er das paradoxe Rätsel lösen. Weil er weiß, was Menschen nicht wissen dürfen, ist er der Melancholie verfallen, weil er aber weder verzweifelt noch hochmütig wird, obwohl er das kosmische Prinzip im Wechsel der Erscheinungen erkennen kann, verschonen ihn zuletzt die Götter. Die bei den Elisabethanern als Erklärungsmodell für alles Ungreifbare sehr populäre Fortuna-Mythologie hat hier noch höheren Stellenwert als im »Kaufmann von Venedig« (vgl. den Artikel).

Antonius und Kleopatra

»Das Leben von Antonius und Kleopatra« schrieb Shakespeare wahrscheinlich 1607. Hauptquelle war das »Leben des Mark Anton« aus Norths Plutarch-Übersetzung »Lifes of the Noble Grecians and Romans« (vgl. »Julius Cäsar«). Erstaunlich an dieser Variante des Herrscher-Dramas sind angesichts der gefestigten Verfassung des englischen Königtums die warnenden Akzente. Jakob der Erste hatte von Elisabeth ein relativ geordnetes Staatswesen übernommen, die Verbindung mit Schottland durch die Personalunion stärkte die englische Position zusätzlich. Die Ausweitung des Außenhandels und der überseeischen Unternehmungen ließen Macht und Wirtschaftskraft Englands eingangs des 17. Jahrhunderts stetig wachsen. Auch Antonius befindet sich am Anfang auf dem Höhepunkt der Macht und braucht sie nur noch zu konsolidieren. Aber der entschlossene und doch reflektierte Tatmensch verfällt einer Gegenmacht, der der Leidenschaft und des schönen Lebens, obwohl er deren Scheinhaftigkeit erkennt. Die Thematik von Dekadenz und Verfall wird in düstere Naturbilder gekleidet. Die schaurig-schöne Untergangsstimmung gefiel später den Romantikern, nicht aber den Klassizisten. Daß der westliche Herrscher Antonius nicht nur den Verführungskünsten Kleopatras, sondern ebenso der magischen Faszination der lethargisch machenden orientalischen Welt erliegt, ist ein deutlicher Hinweis auf die Fortschritte in der Erforschung des Orients. Zum ersten Mal in der neuzeitlichen Dramatik ist der Exotismus hier mehr als Staffage, vielmehr komplexe Symbolik der Sehnsucht des Europäers nach dem Anderen und Neuen. Octavius erkennt die Gefahren solcher Verlockung ins Irrationale, erweist daher dem »hochberühmten Paar« nur hastig die Ehre – »Und dann nach Rom«! Zurück zu den Pflichten hier und jetzt.

König Cymbelin
»Die Tragödie Cymbelynes« schrieb Shakespeare 1608 oder 1609. Eine Hauptquelle für das Stück konnte nicht ausgemacht werden. Ähnlich wie in »Perikles« (vergl. den Artikel) ist die ältere Geschichte des englischen Königtums der allgemeine Hintergrund, jedoch wiederum ohne die konkreten geschichtlichen Bezüge, wie man sie in den Königsdramen findet. (Vergl. die entspr. Artikel) Dies bedingt eine völlig andersartige Stellung der Individuen in der dargestellten Welt. Die tragischen Helden der Königsdramen gerieten in Widerspruch zu bestimmten Situationen, aber scheiterten zuletzt an ihrem eigenen Verhalten. In den märchenhaften Herrscherdramen sind dagegen die Figuren in einen umfassenden Zusammenhang eingebunden, bewegen sich in einem mehrschichtigen Raum voller Symbole. Der Wille des Individuums bestimmt immer weniger die Handlungsentwicklung. Die unübersichtliche Verknüpfung mehrerer Handlungsstränge ist seit dem Klassizismus immer wieder kritisiert worden und hat zu Zweifeln an Shakespeares alleiniger Autorschaft geführt. Jedoch bleiben auch die märchenhaften Komponenten dieser gewandelten Konzeption auf wesentliche Motive des zeitgenössischen Denkens bezogen. Die Wende zum 17. Jahrhundert brachte eine beispiellos rasche Veränderung der gesellschaftlichen, vor allem der ökonomischen Verhältnisse mit sich. Es entstand überhaupt erst ein dynamisches wirtschaftliches System mit immer komplexer werdenden Verflechtungen, die Erscheinungen hervorbrachten, die sich durch die bisherige Erfahrung nicht mehr erklären ließen. Das Verhältnis zwischen Preis und Wert der Rohstoffe und Waren, der wachsende Einfluß ökonomischer Gesichtspunkte auf politische Entscheidungen, die Umverteilung der Reichtümer, die z. B. die Landbesitzer zunehmend verarmen ließ, ohne daß sie überhaupt wußten warum, mußten den Eindruck einer immer undurchschaubarer werdenden Wirklichkeit erzeugen. Die historisch-dialektische Einsicht, daß das Individuum zwar die Geschichte macht, das Produkt seines Handelns aber nicht erkennen kann, weil so viele andere die Geschichte auch machen, entstand hier nur als Ahnung, ausgearbeitet werden konnte sie erst im voll entwickelten Kapitalismus, dessen Ursprünge eben in diese Zeit fallen. Die Friedens- und Ausgleichsvision am Ende des Stückes entspricht recht genau der Außenpolitik Jakobs, die die Entwicklung im Inneren begünstigte. Bereits der Verbund mit Schottland erzeugte eine Stabilisierung gegenüber Frankreich. Trotz der Siege über Spanien betrieb Jakob – analog zu Cymbelins Ausgleich mit Rom – eine spanienfreundliche Politik, die den nationalistischen Teilen des Adels gar nicht paßte. Eine Verbindung von religiöser und außenpolitischer Ausgleichspolitik erreichte Jakob, indem er den Thronfolger mit der katholischen Henriette Maria von Frankreich und seine Tochter Elisabeth mit dem protestantischen Friedrich von der Pfalz verheiratete. Aus dem dreißigjährigen Krieg (1618-48) konnte sich Jakob infolge dieser Religionspolitik heraushalten, und das verschaffte England einen Vorsprung in der ökonomischen Entwicklung, der von den anderen Ländern erst im 20. Jahrhundert eingeholt werden konnte. So geht es am Ende des Stücks wohl um durchaus diesseitige Motive für den Frieden.

Das Wintermärchen
schrieb Shakespeare 1611. Hauptquelle war Robert Greenes Roman »Pandosto. The Triumph of Time« von 1588. In diesem Stück hat Shakespeare die überkommene Regel von der Einheit der Zeit am gröblichsten verletzt; unter anderem deshalb wurde es vom klassizistischen Geschmack als schwach und verworren abgelehnt. Im vierten Akt muß die Zeit selber auftreten, um die Überbrückung von sechzehn Jahren zu rechtfertigen. Aber sie tritt nicht nur aus diesem dramaturgischen Grund auf, sondern weist in der Selbstbeschreibung darauf hin, daß das »Wintermärchen« untergründig das Drama der Zeit ist. Der Orakelspruch deutet wieder einmal auf Shakespeares spezifische Nostalgie, die Trauer um die verlorene alte Ordnung bei gleichzeitiger Einsicht in die Notwendigkeit des Neuen. Entsprechend geht es im Stück zu gleichen Teilen um die zerstörende und die heilende Macht der Zeit in den Wechselfällen der sozialen Ordnung gegenüber der Naturordnung im Wechsel der Jahreszeiten. Die gesellschaftlichen Veränderungen im 16. Jahrhundert hatten das alte Nachdenken über die rätselhafte Macht der Zeit neu ins Interesse gerufen. Insbesondere im elisabethanischen Denken wurde immer wieder nach einem Prinzip der Dauer im Wechsel der Erscheinungen gesucht. Das aber war keineswegs ein nur philosophisches Problem. Das mittelalterliche Zeiterleben mit seiner Bindung an naturhafte Abläufe erwies sich beim Streben nach größerer organisatorischer Effizienz der Staaten wie der wissenschaftlichen und der wirtschaftlichen Unternehmungen als hinderlich. Die Kalenderreform von 1582 diente einer präziseren Regulierung von gesellschaftlichen Strategien. Insbesondere die Seefahrtsunternehmungen waren auf diese Anpassung an die sichtbaren Naturbewegungen angewiesen. So fällt das Drama in die Phase der Entstehung von Zeit als Orientierungs- und Planungsmittel des Fortschritts, während sich gleichzeitig der Gedanke der ewigen Wiederkehr aus der mittelalterlichen Zeitordnung im Bewußtsein hielt. Der Widerspruch zeichnet sich im Stück ab, wird aber durch die Zeit selbst überwunden, die jedoch im Drama nicht nur allegorisch erscheint, sondern als in sich gegensätzlicher und offener Prozeß, bis in die einzelnen Bilder und Sprachfiguren hinein.

Der Sturm
schrieb Shakespeare 1611. Es war wahrscheinlich sein letztes Stück. Die Quellen waren Berichte von einem vieldiskutierten Vorfall: William Stracheys »True Reportory of the Wreck« und Sylvester Jourdains »The Discovery of the Bermudas« von 1610. Außerdem die »True Declaration of the State of the Colonie of Virginia«, ebenfalls von 1610. In diesem Jahr war ein englisches Schiff auf dem Weg nach Virginia vor den Bermudas gestrandet, die Mannschaft hatte sich aber auf die Teufelsinsel retten können und erreichte später doch noch ihr Ziel. Neben den Ereignissen der Kolonialisierung gehört speziell zum Hintergrund des Stückes, daß zu dieser Zeit immer mehr Dissidenten und Unzufriedene in die neue Welt auswanderten. So läßt sich »Der Sturm« durchaus als erstes Kolonialdrama der Literaturgeschichte lesen. Caliban hat seinen Namen wahrscheinlich von einem Essay Montaignes über die Kannibalen, den Shakespeares Bekannter Florio 1603

Die englische Kolonie Virginia um 1590

unter dem Titel »Of the Caniballes« ins Englische übersetzt hatte. Caliban ist der zur Selbstbestimmung unfähige, naturhaft-instinktgebundene Wilde, die Hexe Sycorax und Ariel repräsentieren die dämonischen und die mythisch-magischen Kräfte des vorstaatlichen Zustands. Ihnen begegnet der weise Prospero mit der Zauberei des europäischen Wissens, der Weisheit der Herrschenden. Wenn er den Ariel vom mythischen Bann befreit und Caliban bildet, so unterdrückt er sie zugleich. Der Zusammenhang von Verstehen und Unterdrückung erweist sich als effektiver als die primitiven Verhaltensweisen von Stephano und Trinculo, die dem Eingeborenen nach bekanntem Muster Feuerwasser zu trinken geben und auf Raub und Plünderung aus sind. Prosperos Freundlichkeit weicht sofort der Drohgebärde des Mächtigen, wenn er Anzeichen des Aufbegehrens erkennt. So ist auch die »schöne neue Welt« kein Ort der Harmonie und Freiheit, sondern die Fortsetzung der Widersprüche als Umkehrung: der in der alten Welt selbst unterdrückt war, verloren hatte, der muß in der neuen gewinnen, d. h. zum Unterdrükker werden. Über dieser Einsicht wird Prospero selbst melancholisch. Wenn er am Ende Ariel freigibt und Caliban die Insel überläßt, so bleibt fraglich, was diese damit gewinnen. Denn selbst der unzivilisierte Caliban hat inzwischen seine Lektion gelernt: Schein und Sein sind ihm auseinandergetreten. Er hat gelernt zu unterscheiden und sich den Veränderungen anzupassen, und so ist der Naturzustand unwiederbringlich vorbei. Aber wie immer wieder bei Shakespeare werden diese resignativen Erkenntnisse auch in seinem letzten Stück von der Symbolik der Kräfte des Lebens und der Liebe, mit dem Gestus der Heiterkeit und Ironie ausgeglichen und dem Publikum schmackhaft gemacht.

1455 Rosenkriege zwischen den Häusern Lancaster und Yorck
1485 Schlacht bei Bosworth – Tod Richards III. – Heinrich VII. König – Während seiner Regierung Festigung der rechtlichen und politischen Stellung des Königtums
1492 Entdeckung Amerikas durch Christoph Kolumbus
1498 Entdeckung des Seewegs nach Indien durch Vasco da Gama
1509 Heinrich III. König
1517 Beginn der Reformation: Thesenanschlag Martin Luthers in Wittenberg
1521 Eroberung Mexikos durch Cortez
1531 Beginn der Kolonialisierung Mittel- und Südamerikas
1533 Elisabeth I. in Greenwich als Tochter Heinrichs VIII. und der Anne Boleyn geboren
1534 Heinrich VIII. erklärt sich zum Oberhaupt der anglikanischen Kirche (Supreme Head Act)
1536 Elisabeths Mutter hingerichtet – Auflösung der Klöster
1537 Eduard VI. geboren
1541 Reformation Calvins in Genf
1542 Maria Stuart geboren
1547 Heinrich VIII. gestorben, Eduard VI. König von England, Etablierung der anglikanischen Kirche – Katholikenverfolgung
1549 Common Prayer Book – Vereinheitlichter Gottesdienst in der Hochkirche
1552 Das Zinsgeschäft wird verboten
1553 Eduard gestorben – Maria Tudor, die Katholische, Königin von England – Muscovy Company: erste Aktiengesellschaft
1554 Elisabeth im Tower gefangengesetzt
1555 Protestantenverfolgungen
1558 Maria gestorben, Elisabeth I. zur Königin von England gekrönt – William Cecil erster Staatssekretär – Katholiken mit Sanktionen bedroht
1559 Machiavellis Schriften auf den Index gesetzt – Wiederherstellung des Staatskirchentums (Uniformitätsakte)
1561 Francis Bacon geboren
1562 Erstes Arbeitsgesetz
1564 William Shakespeare in Stratford-upon-Avon geboren – Christopher Marlowe in Canterbury geboren
1566 Jakob von Schottland, später König von England, geboren
1568 Erste industrielle Gesellschaften im Metallbergbau
1570 Elisabeth exkommuniziert, endgültiger Bruch mit Rom
1571 Errichtung der Londoner Börse
1576 Erstes festes Londoner Theater; Beginn der puritanischen Polemik gegen das Theater

1577 Francis Drake umsegelt die Welt und plündert spanische Niederlassungen
1581 Levant Company
1582 Shakespeare heiratet Anne Hathaway
1584 Walter Raleigh gründet mit Virginia die erste Kolonie in Nordamerika
1587 Hinrichtung Maria Stuarts wegen Verschwörung gegen Elisabeth – Shakespeare geht nach London – Das letzte venezianische Handelsschiff nach England sinkt
1588 Vernichtung der spanischen Armada
1589 Christopher Marlowes »Der Jude von Malta« aufgeführt
1590 Edmund Spensers »Faerie Queene« singt das Lob Elisabeths
1591 Edikt gegen die Jesuiten – Marlowes »Doktor Faustus« aufgeführt – »Heinrich VI.«
1592 Mit der Aufführung von »Richard III.« wird Shakespeare als Dramatiker anerkannt – Die Puritaner werden eine immer stärkere politische Kraft – »Komödie der Irrungen«
1593 Marlowe bei einem Wirtshausstreit erstochen – Theater wegen der Pest geschlossen – Hungersnöte – Richard Hookers Kirchengesetzgebung festigt die anglikanische Kirche – »Zwei Herren aus Verona«. »Titus Andronicus«
1594 Theater wieder geöffnet – Shakespeares Truppe bei Hofe – »Verlorene Liebesmüh« – Der spanische Jude Roderigo Lopez angeklagt und hingerichtet – »König Johann«
1595 Aufstände in London und Irland – »Ein Sommernachtstraum«, »Romeo und Julia«
1596 Essex und Drake greifen Cadiz an – Shakespeare hat Rechtsstreitigkeiten – »Der Kaufmann von Venedig« »Richard II.«
1597 Shakespeare kauft New Place, das zweitgrößte Haus von Stratford – »Heinrich IV.«
1598 »The Theatre« brennt ab – Elisabeth überwirft sich mit Essex – Sir William Cecil gestorben – »Viel Getu um nichts«, »Der Widerspenstigen Zähmung«
1599 Globe-Theatre eröffnet – »Wie es Euch gefällt«, »Julius Cäsar«, »Heinrich V.«
1600 Bau des Fortune-Theaters – Gründung der East India Company – »Die lustigen Weiber von Windsor«
1601 Essex zettelt eine Verschwörung gegen Elisabeth an und wird hingerichtet – Die Spanier landen in Irland – Shakespeares Vater gestorben – »Hamlet« – »Zwölfte Nacht oder Was ihr wollt«
1602 Spanien kapituliert – »Troilus und Cressida«
1603 Elisabeth I. gestorben – Jakob I. König von England – Theater wegen Pest geschlossen – »Maß für Maß«, »Othello«
1604 »König Lear«
1605 »Timon von Athen« – Pulververschwörung – Vordringen der Puritaner in höchste politische Kreise

1606 »Perikles«, »Macbeth«
1607 »Antonius und Cleopatra«
1608 »Coriolan«
1610 »König Cymbelin« – »Das Wintermärchen«
1611 »Der Sturm«, »Heinrich VIII.«
1616 Shakespeare gestorben

Fotonachweis:
S. 2 Brigitte Friedrich, S. 27 Isolde Ohlbaum, S. 42 Teddy Schwarz